KREATIV SCHLEMMEN – jetzt Eis selber machen

12 leckere Eis-Kategorien von Gesund bis Kalorienbombe! Mit und Eismaschine! Klassiker-, Superfood-, Winter-, Baby+Kindereis-Rezepte, Sorbets uvm.

Veröffentlicht: 2. Auflage: Mai 2020

ISBN: 9798648673939

Mit freundlicher Unterstützung der Food-Experten von „Magische Pfanne“

Inhaltsangabe

Vorwort

Wir lieben Eiscreme in allen Variationen und einige hartgesottene Eis-Liebhaber behaupten hartnäckig, dass Eiscreme Gottes Entschuldigung für Salat sei. Wir wollen das weder bestätigen noch dementieren!

Fakt ist, dass einige Menschen einfach nicht genug kriegen können vom kalt-prickeligen Gaumenschmaus.

So hat der Italienische Eis-Fan Dimitri Panciera 2016 sein einzigartiges Talent in der nicht olympischen Randgruppensportart „Eis stapeln“ eindrucksvoll unter Beweis gestellt:

Für 121 Kugeln fand der motivierte Süd-Europäer ein Plätzchen auf seiner unter der Eis-Last aufstöhnenden, tapferen Waffel.

Ob Herr Panciera bei seiner „Arbeit“ in gleichen Maßen ebenso viel Appetit aufbaut, um sein eigenes Kunstwerk nach Vollendung zu vertilgen, wurde hingegen nicht überliefert.

Wohl eher nicht! Der offizielle Rekord wird von Jaroslav Bobrowski eis-ern verteidigt! Glatte 100 Kugeln wurden in 30 Minuten regelrecht von ihm vernichtet.

Lassen Sie sich mal einige Zahlen dieser „Eis-Orgie“ auf der Zunge zergehen:

100 Kugeln Eiscreme bringen es auf stolze 12.000 - 15000 Kalorien und auf exorbitante 1500 Gramm Zucker!

Die empfohlene Tagesmenge an Zucker liegt subtil unter dieser Menge: nämlich 60 Gramm.

Schleck-Weltmeister Bobrowski hat demnach innerhalb 30 Minuten die 25 fach empfohlene Tagesmenge an Zucker aufgenommen.

Gerüchten zufolge hat der Rekord unter einer Vielzahl von Ernährungsexperten und Diabetologen keine Zustimmung gefunden.

Solche gesundheitlich bedenklichen Exzesse propagieren wir selbstverständlich nicht in diesem Buch.

Allerdings darf die leckere Eis-Portion doch ab und an ruhig mal etwas größer sein: man gönnt sich ja sonst nichts!

In diesem Sinne: viel Spaß beim Lesen, eis-essen und genießen!

Eiskunde – Was ist was?

Eiscreme

Darunter versteht man ein industriell hergestelltes Eis-Erzeugnis, welches mindestens 10% Milchfett aufweist.

Softeis

Weiches Speiseeis, das in speziellen Softeis-Automaten unter Einschlagen von Luft gefroren wird.

Fruchteis

Muss mindestens einen Frucht-Anteil von 20% besitzen. Bei sauren Früchten genügen 10%.

Sorbet

25% Fruchtanteil ist hier das Mindeste. Es enthält keine Milchprodukte. Das Sorbet ist im Endeffekt ein halb gefrorenes Fruchteis.

Creme Eis

Benötigt mindestens 50% Milch und enthält Eier. Es weist dadurch eine sehr cremige Konsistenz auf.

Nice-Cream

Die Nice-Cream ähnelt dem Sorbet, nur wird hier auf den Zusatz von Zucker verzichtet.

Parfait

Parfait bedeutet Halbgefrorenes. Es ist ein Speise-Eis mit einem hohen Sahne-Anteil und mit Eigelb. Durch den geringen Wasser-Anteil wird keine Eismaschine benötigt, um ein cremiges Eis herzustellen.

Frozen Joghurt

ist besonders bei figurbewussten Menschen äußerst beliebt. Bei der Herstellung wird Magermilch oder Magerjoghurt verwendet, daher weist der Frozen Joghurt einen niedrigeren Fettgehalt als Speise-Eis auf. Alternativ können natürlich auch Pflanzendrink-Produkte eingesetzt werden.

Nützliche Küchenhelfer für leckeres Eis

Damit das Unterfangen, ein maximal leckeres Eis herzustellen, mühelos und frustfrei seinen Lauf nehmen kann, ist eine gewisse Grundausstattung von Küchenhelfern am besten stets griffbereit.

Silikonspatel

Benötigen Sie, damit Sie beim Durchrühren der Eismasse auch gründlich jede Ecke und jede Rundung des Eis-Aufbewahrungsbehälters erreichen und die Eismasse gut herauskratzen können.

Vermischen, Pürieren und Zerkleinern

Handmixer:
Ein Handmixer gleicht in seiner Funktion dem Schneebesen, nur dass der Handmixer Ihnen die Handarbeit abnimmt. Sollten Sie sich jetzt einen Handmixer anschaffen wollen, und Sie noch keinen Pürierstab Ihr Eigen nennen, dann empfehlen wir, einen Handmixer zu erwerben, der zusätzlich einen Pürier-Aufsatz im Umfang mit dabei hat.
Im Gegensatz zum Stabmixer ist der Handmixer auch für das Kneten von Teig konzipiert.

Stabmixer /Pürierstab:
Einen Stabmixer können Sie als Pürierstab, als Schneebesen und auch als Zerkleinerer (z.B. für Nüsse) benutzen. Weiche und etwas festere Zutaten lassen sich gut verarbeiten, gefrorene Früchte und andere harte Zutaten schafft ein Stabmixer nur mit etwas Geduld und Mühe.

Schneebesen:
Der Schneebesen ist ein sehr kostengünstiges Küchenutensil. Schon ab 10 Euro gibt es gute Modelle. Schneebesen sind spülmaschinengeeignet und daher sehr leicht zu reinigen. Ein großer Vorteil eines Schneebesens ist, dass Sie damit keiner Ihrer Schüsseln verkratzen. Hier seien vor allem Silikon-Schneebesen empfohlen, die auch eine lange Haltbarkeit aufweisen. Sehr effizient lässt sich mit Silikon-Schneebesen arbeiten, die mit Drahtschlaufen ausgestattet sind und äußerlich eine Silikon-Ummantelung aufweisen.
Der Schneebesen kann von einem Hand- oder Stabmixer ersetzt werden.

Spritzbeutel:
Der Spritzbeutel ist kein „Must have"-Utensil bei der Eisherstellung. Mit dem Spritzbeutel lassen sich eigens kreierte Eis-Werke mit Sahne oder auch Butter-Cremes aufhübschen. In den Spritzbeutel wird z.B. die aufgeschlagene Sahne oder Creme eingefüllt, durch eine Tülle direkt auf das Eis gedrückt und damit verziert. Wenn Sie vorhaben, häufiger mit dem Spritzbeutel zu hantieren, können Sie sich gleich für 15-20 Euro ein Set zulegen, bei dem verschiedene Tüllen beigelegt sind.

Eisaufbewahrungsbehälter
Wollen Sie das Eis möglichst schnell essen oder länger aufbewahren?
Für Option 1 empfiehlt sich ein möglichst breites Aufbewahrungsgefäß, das im Idealfall doppelt so viel Volumen fasst als die eingefüllte Eismasse. Auf diese Weise bildet sich an den Wänden schneller vermehrt Eis und Sie sparen dadurch etwas Zeit bis das Eis verzehrfertig ist.

Eisportionierer
Erst einmal in heißes Wasser getaucht, lassen sich mit einem Eisportionierer ohne Kraftanstrengungen schöne runde Kugeln aus der Eismasse extrahieren. Natürlich geht's auch ohne, aber das Auge isst ja bekanntlich mit.

Eismaschine - ja oder nein?

Alle Eis-Rezepte in diesem Buch können selbstverständlich ohne Eismaschine hergestellt werden.

Im Endeffekt liegt es an Ihrer Bereitschaft, ob Sie 150 bis 250 Euro für eine gute Eismaschine investieren möchten.

Dafür weist eine Eismaschine einige Vorteile gegenüber der Herstellung ohne Eismaschine auf:

- Sie werden Ihr Eis niemals so cremig bekommen ohne Eismaschine, egal wie häufig Sie die Eismasse mit der Hand verrühren.
- Um ein annähernd genauso cremiges Eis-Ergebnis zu erhalten, müssen Sie entscheidend mehr Sahne und Zucker verwenden als mit Eismaschine.
- Eis lässt sich auch nach längerer Lagerung besser „abstechen“.
- Nach 1 Stunde ist Ihr Eis fertig, ohne Eismaschine dauert es ca. 6 Stunden

Als Nachteile einer Eismaschine wären folgende Punkte zu erwähnen:

- Eine selbstkühlende Eismaschine mit Kompressor in guter Qualität kostet über 200 Euro.
- Die Geräte sind groß, schwer (bis zu 10kg) und ähnlich laut wie eine Kaffeemaschine in Betrieb. Nur, dass die Eismaschine eben statt 1,2 Minuten 30-60 Minuten in Betrieb ist.

Wenn Sie vorhaben, häufiger Eis selber herzustellen, empfehlen wir Ihnen die Anschaffung einer Eismaschine. Sollten Sie hingegen nur selten Eis selber herstellen, gilt es abzuwägen, ob Ihnen die Zeitersparnis und ein etwas cremigeres Eis-Erlebnis das investierte Geld wert ist, das Sie für die Anschaffung einer guten Eismaschine benötigen.

Eis selber machen – einfach gesünder!

Sein Essen, bzw. seine Genussmittel selber herzustellen, empfinden die meisten Menschen einfach befriedigender als sich ein industrielles Fertiggericht vor die Nase setzen zu lassen. Trägt man gar nichts zum eigenen Essen bei – außer dass man den Geldbeutel gezückt hat – bleibt eben auch die individuelle Abstimmung auf den eigenen Geschmack auf der Strecke.

Und, was für Viele noch wichtiger ist: man besitzt die Hoheit über die Inhaltsstoffe, die sich im Eis befinden.

Dass nämlich gekauftem Eis eine Menge unerwünschter Begleitstoffe beigesetzt werden, ist leider ein Fakt.

So hat „Öko-Test" 2016 Kinder-Eis-Sorten getestet und kam zu folgendem Ergebnis:

7 von 16 Eissorten enthielten schädliche Stoffe: ein Übermaß an Zucker, zum Teil krebserregende Fettschadstoffe und auch minderwertige Zutaten und Aromen rundeten das unlustige Gesamtbild ab.

13 Produkte enthielten zusätzliche Aromen. Anfragen von „Öko-Test", um welche Aromen es sich im Detail handelt, wurden nicht beantwortet.

Des Weiteren wurden erbgutverändernde Substanzen gefunden. Nur 1 Eis erhielt das Prädikat empfehlenswert.

Es lassen sich also leicht triftige Gründe finden, den familien-internen Eiscreme Bedarf selber herzustellen.

Start-Tipps und Faustregeln – Der Eis-Guide

1

Schmecken Sie die Eismasse ab, bevor Sie sie einfrieren. So können Sie noch Änderungen, z.B. mehr Zucker vornehmen. Oder, falls zu süß, noch mehr Eismasse produzieren und unter mischen.

2

Nehmen Sie ein ausreichend großes Gefäß, in die Sie die Eismasse einfüllen. Oben am Rand sollten noch mindestens 2 cm Platz sein, sodass das Eis sich ausdehnen kann ohne über zu laufen.

3

1 Prise Salz macht Ihr Eis noch süßer!

4

Wenn Sie keine Eismaschine verwenden, stellen Sie Ihre Eistruhe, bzw. Ihr Gefrierfach auf -12 bis -15 Grad Celsius, um beste Eis-Ergebnisse zu erzielen.

5

Alkohol hat einen tieferen Gefrierpunkt. Werden also zum Beispiel Liköre beigegeben, so ist es ratsam diese erst zur Eismasse hinzu zu fügen, wenn die Eismasse schon gut durchgefroren ist.

6

So wird die Sahne schön steif:

a) Handrührgerät:
kalte Sahne mit mindestens 30% Fett in die kalte Rührschüssel (Kunststoff oder Metall) stellen und erst auf niedrigste Stufe stellen. Beginnt die Sahne langsam fester zu werden, schalten Sie auf Stufe 2.

b) Schneebesen:
Einfach kräftig rühren! Es hilft, wenn der Schneebesen vorher gekühlt wurde.

- Sobald die Sahne steif ist, sofort aufhören zu schlagen. Sonst wird sie schnell zu Butter!

- Sobald die Sahne anfängt steif zu werden, können bei Bedarf weitere Zutaten wie Zucker, Vanillezucker oder Sahnesteif mit eingerührt werden

7

Stellen Sie Ihr Eis auf den Kopf (für die Aufbewahrung in einem verschließbaren Eisbehälter): Eiskristalle bilden sich beim Gefrieren immer am Boden. So können Sie die Eiskristalle beim Öffnen vom Deckel entfernen und ihr Eis „kristallfrei“ genießen.

8

Eier werden im Eis vor allem als Emulgator verwendet, sodass sich die wasserlöslichen mit den fettlöslichen Anteilen verbinden und eine Einheit bilden. Wer keine Eier mag, kann stattdessen Johannisbrotkernmehl verwenden. Auf 500 ml Eismasse benötigt man ca. 1 TL Johannisbrotkernmehl.

Guarkernmehl eignet sich ebenso als Emulgator für Eis. Man benötigt zur Bindung 20-30% weniger Menge als bei Johannisbrotkernmehl.

Pektin und Agar Agar hingegen eignen sich nicht, da die zu bindenden Speisen aufgekocht werden müssen.

9

Je mehr Zucker sie beigeben, desto cremiger wird Ihr Eis. Zuviel Zucker hingegen verzögert das Durchfrieren vom Eis.

10

Der Zuckeraustauschstoff Xylit sorgt für cremigeres Eis und weniger Kristallbildung. Starten Sie erst mit einer kleineren Menge Xylith, da nicht jeder höhere Mengen Xylith verträgt.

Umrechnungstabelle für Zuckerersatzstoffe

Uns allen steht inzwischen eine riesige Auswahl an Süßungsmitteln zur Verfügung. Selbstverständlich können Sie für die Eis-Rezepte die angegebene Haushaltszucker-Menge gegen einen Zuckeraustausch-Stoff Ihrer Wahl tauschen.

Wenn Sie bisher immer auf den bewährten weißen Haushaltszucker gesetzt haben, probieren Sie doch einfach mal Neues! Einige Süßstoffe sind sogar gesünder und man kann – aufgrund des individuellen Aromas der Süßstoffe – dem Eis noch eine individuellere Note verpassen.

Folgende Tabelle unterstützt Sie dabei, die richtige Menge für die Rezepte umzurechnen, da wir in den Rezepten fast ausschließlich die Haushaltszucker-Menge angeben.

Zuckerersatzstoff	Aroma/Geschmack	Umrechnungsfaktor
Xylit	wie Haushaltszucker, nur etwas frischer	1
Erythrit	ähnlich wie Xylit, Xylit ist etwas fruchtiger	1,42
Stevia, flüssig	leicht bitter, lakritzartig	0,007
Ahornsirup	malzig, leicht karamell-artig	0,83
Agavendicksaft	Karamell	0,83
Honig	je nach Honig-Art etwas unterschiedlich	0,83
Kokosblütenzucker	Karamell	1

Beispiel für eine Umrechnung

In einem Eisrezept werden 50 Gramm Haushalts-Zucker empfohlen. Um die korrekte Menge an Erythrit zu ermitteln, multiplizieren Sie die 50 Gramm mit 1,42. Somit wären für das Rezept 71 Gramm Erythrit zu verwenden.

Eisdeko – letzter Schliff für Ihr Eis

Ob Ihr Eis mit oder ohne Eismaschine kreiert wurde, am Ende der Herstellung haben Sie eine fertige Eismasse zu Hand, die sie in einem Becher, Glas oder anderen Gefäß Ihrer Wahl servieren können.

„Eispuristen“ verzichten hier auf jegliche weitere Verzierung. Mit ein wenig Kreativität lässt sich Ihr Eis jedoch mit ein paar Handgriffen erheblich aufwerten und auch geschmacklich fein justieren. Im Folgenden ein paar Ideen für Sie:

- Frische Früchte, in Scheiben geschnitten, gehackt oder püriert
- Schokolinsen, Schokosplitter
- Bunte Zuckerstreusel
- Smarties
- Dessert-Saucen
- Back-Marshmellows
- Eis Glasuren
- Unterschiedliche Waffelformen
- Gehackete Nüsse, kandierte Nüsse oder Kürbiskerne
- Verschiedene Tüllen, um Sahne oder Cremes dekorativ aufzutragen

Alltime Klassiker Eis

Was ist eigentlich Ihr Lieblings-Eis? Setzen Sie vermehrt auf Klassiker, oder darf es auf gerne mal was sehr Ausgefallenes sein?

Bei vielen Menschen ist das abhängig von der Tagesform. An manchen Tagen setzt man gerne mal auf Altbewährtes: nach dem Motto, „da weiß man was man hat“.

An anderen Tagen hingegen möchte man seinen Geschmacksknospen auch mal eine gänzlich neue Erfahrung gönnen.

Deutlich wird auf jeden Fall, dass Klassiker wie Zitronen- oder Schokoladen-Eis ganz sicher nie zum „alten Eis(en)“ gehören werden, egal wieviel neue Eissorten in den nächsten 5,10 oder auch 100 Jahren noch kreiert und erfunden werden.

Vanille de Luxe

Arbeitszeit: ca. 25 Minuten

Verzehrfertig: ca. 6-8 Stunden

Portionen: 1

Zutaten

50 Gramm feiner Zucker | 3 x Bio-Eigelb (aus kleinen Eiern) | halbe Bio-Vanilleschote | 100 ml Vollmilch | 100 ml Sahne | Prise Salz

Zubereitung

1. Geben Sie Milch, Sahne und eine Prise Salz in einen Topf. Nun die Vanilleschote längs aufschneiden & dazu geben. Den Topf bringen Sie nun auf kleiner Flamme zum Kochen, nehmen ihn anschließend vom Herd und lassen Ihn 10-15 Minuten ruhen.
2. Schlagen Sie alle Eigelb & Zucker mit einem Schneebesen bis eine cremige, breiige Masse entsteht. Die Vanilleschote rausholen, das komplette Vanillemark herauskratzen, dann zur Milch geben.
3. Geben Sie die erwärmte Milch-Sahne Mischung zur breiigen Eigelb-Zucker Mischung und verrühren Sie. Anschließend alles in einen Topf geben und unter mäßiger Hitze 5-10 Minuten eindicken lassen und dabei rühren.
4. Diese Mischung lassen Sie jetzt, in einer Schüssel ruhend, auf Zimmertemperatur abkühlen – hin und wieder umrühren dabei. Die abgekühlte Masse füllen Sie jetzt in einen Metall-Behälter und decken diesen mit Backpapier oder Folie ab. Nun ab damit in die Gefriertruhe.
5. Nach eineinhalb Stunden umrühren nicht vergessen + die Creme glatt streichen. Danach erneut 90 Minuten in die Gefriertruhe stellen und umrühren.
6. Nach 6-8 Stunden im Eisfach ist Ihr Eis servierfertig.

Extra Tipp

- Mit Zimtpulver bestäubt, schmeckt das Vanille-Eis noch etwas aromatischer!

Schoko a la Italia

Arbeitszeit: ca. 10 Minuten

Verzehrfertig: ca. 6 Stunden

Portionen: 3-4

Zutaten

1 Bio-Ei | 250 ml Vollmilch | 150 g 10%ige Sahne | 125 g feiner Zucker | 100 g Zartbitterschokolade | ½ TL Vanille-Extrakt

Zubereitung

1. Brechen Sie die Schokolade in gleichgroße Stücke und geben Sie sie mit einem Teil der Vollmilch & der Vanille in 1 Behälter und über einem heißen Wasserbad einschmelzen.
2. Ei mit dem feinen Zucker solange rühren, bis es eine schaumige Konsistenz aufweist. nun die restliche Milch + Sahne beigeben. Erst jetzt die kalte, zusammen geschmolzene Schokolade unterrühren & die Masse nun ca. 30 Minuten vorkühlen, bevor Sie sie für 30 Minuten in Ihre Eismaschine geben.
3. Ohne Eismaschine geben Sie die Eismasse in einen passenden Behälter in Ihr Eisfach und rühren regelmäßig – alle 45 bis 60 Minuten – gut durch. Nach 4-6 Stunde ist das Eis gut durchgefroren.
4. Das Eis ist nun verzehrfertig.

Stracciatella

Arbeitszeit: ca. 20 Minuten
Verzehrfertig: ca. 5-6 Stunden
Portionen: 2-3

Zutaten

250 ml Schlagsahne | 4 x Eigelb | 125 ml Vollmilch | 75 g feiner Zucker | 1 EL Bio-Vanille-Extrakt | 70 g Zartbitter-Schokolade | Prise Salz

Zubereitung

1. Zucker + Vollmilch + Salz in 1 Topf erwärmen (nicht aufkochen!), anschließend vom Herd nehmen.
2. Eier trennen, die Eigelb werden nach und nach unter die Vollmilch verrührt.
3. In einem Wasserbad wird es unter ständigem Rühren eingedickt. Die ideale Temperatur beträgt hierbei 75 Grad Celsius.
4. Die Vanille mit Sahne verrühren & dann die Schüssel in 1 kaltes Wasserbad stellen.
5. Milchmischung wird nun nach und nach zu der Sahne gegeben.
6. Die Zartbitter-Schokolade wird klein gehackt + unter die Masse heben.
7. Fertige Eismasse wird in 1 Form gegeben und in das Gefrierfach gestellt.
8. Ist die Masse nach ca. 45 Minuten an den Ränder bereits etwas gefroren, mit einem Schneebesen gut durchrühren und zurück ins Eisfach stellen. Ansonsten noch etwas warten.
9. Arbeitsschritt gilt es alle 45-60 Minuten zu wiederholen – ca. 4 mal. Die Eismasse soll halb gefroren sein.
10. Abschließend das Eis weitere 90-120 Minuten im Eisfach liegen lassen, bis es komplett durchgefroren ist.

Erdbeer

Arbeitszeit: ca. 20 Minuten
Verzehrfertig: ca. 6 Stunden
Portionen: 2

Zutaten

75 g feiner Zucker | 125 ml frische Vollmilch | 50 ml Sahne, süß | 150 g Bio-Erdbeeren | 2 EL Zitronensaft

Zubereitung

1. Die Erdbeeren mit dem Zucker pürieren.
2. Das gezuckerte Fruchtpüree mit Milch und Zitronensaft vermischen.
3. Die Sahne steif schlagen und ebenso untermischen.
4. Das Gemisch in Ihr Eisfach stellen und ab und an kontrollieren, wann das Eis zu gefrieren beginnt.
5. Haben sich Eiskristalle gebildet, rühren Sie das Eis mit einem Schneebesen gründlich durch; alternativ mit einer Gabel. Eis erneut ins Eisfach stellen. Schritt 5 alle 30-60 Minuten wiederholen.

Haselnuss

Arbeitszeit: ca. 35 Minuten

Verzehrfertig: ca. 6-7 Stunden

Portionen: 2

Zutaten

250 ml Vollmilch | 2 Schuss flüssiger Bio-Süßstoff | 75 g ganze Haselnüsse | 5 EL Sahne | 1 Eigelb

Zubereitung

1. Die Haselnusskerne werden in einer Pfanne fettfrei auf mittlerer Flamme 5 Minuten geröstet, bis Sie sich leicht braun verfärben. Achten Sie darauf, die Haselnüsse in Bewegung zu halten und zu wenden.
2. Haselnüsse aus der Pfanne nehmen, auskühlen lassen + fein vermahlen.
3. Milch aufkochen, den Süßstoff beigeben und gut vermischen.
4. Nun schlagen Sie das Eigelb schaumig und rühren Sie es unter die heiße Milch unter.
5. Geben Sie die Sahne dazu und lassen Sie die Masse im Eiswasserbad abkühlen. Dabei umrühren, sodass sich garantiert keine Haut bilden kann.
6. Das Gemisch ins Eisfach stellen und kontrollieren, wann das Eis zu gefrieren beginnt.
7. Haben sich Eiskristalle gebildet, rühren Sie das Eis mit einem Schneebesen, alternativ mit einer Gabel schön kräftig durch. Eis erneut ins Eisfach stellen
8. Schritt 5 alle 30 Minuten wiederholen – 3 bis 4 mal.

Sahne-Kirsch

Arbeitszeit: ca. 40 Minuten

Verzehrfertig: ca. 6-8 Stunden

Portionen: 2

Zutaten

200 g Bio-Sahne | 75 g feiner Zucker | 1 Ei | 1 x Vanilleschoten-Mark | Handvoll frische Kirschen, am besten Bio Qualität | 8-10 Baiser Tuffs

Zubereitung

1. Verquirlen Sie die Vanille, das Ei & den Zucker 4-5 Minuten mit einem Schneebesen oder einem Handmixer so cremig wie möglich in 1 Schüssel.
2. In Schüssel Nr. 2 schlagen Sie die Sahne steif und heben Sie sie unter die Eismasse.
3. Die Bio-Kirschen werden gründlich gewaschen, entkernt & fein gehackt. Dann ebenso untergerührt.
4. Geben Sie alles in eine verschließbare Schüssel und 6-8 Stunden einfrieren.
5. Die Eismasse sollte mindestens 4 - 5 mal durchgerührt werden während des Gefrierfach-Aufenthalts.
6. Hat Ihr Eis die gewünschte Konsistenz schließlich erreicht, können Sie die Baiser Tuffs dazu krümeln.

Zitrone

Arbeitszeit: ca. 15 Minuten

Verzehrfertig: ca. 6 Stunden

Portionen: 2

Zutaten

200 g Bio-Sahne | 75 g feiner Zucker | 100 ml Zitronensaft, am besten ausgepresst aus frischen Bio-Zitronen

Zubereitung

1. Pressen Sie aus den 3,4 Zitronen 100ml Zitronensaft heraus. Wenn Sie keine Presse zur Hand haben, können Sie auch Zitronensaft abgepackt kaufen.
2. Für noch stärkeres Zitronenaroma, die Zitronenschalen abreiben und später mit der Sahne aufschlagen
3. Nun Zucker, Zitronensaft in einen Topf geben und unter stetigem Verrühren aufkochen, dann 3-5 Minuten auf kleiner Flamme weiter kochen lassen.
4. Zucker-Zitronensaft Gemisch in 1 Schüssel ganz abkühlen lassen.
5. Nun wird noch die Sahne steif geschlagen und unter den „Zitronensirup" gehoben.
6. Eismasse in Behälter geben und mindestens 6 Stunden gefrieren lassen, alle 30-45 Minuten gut verrühren, sodass die Eismasse nicht kristallisiert und cremig bleibt.

Joghurt

Arbeitszeit: ca. 10 Minuten

Verzehrfertig: ca. 6-8 Stunden

Portionen: 3-4

Zutaten

3 x Limette, bzw. den Saft davon | 500 g Natur-Joghurt | 500 g Quark – 40% Fett | 160 g feiner Zucker | 300 ml Milch

Zubereitung

1. Schneiden Sie die Limetten mittig auseinander und pressen Sie den Saft heraus. Es werden ca. 40 ml pro Limette benötigt. Alternativ können Sie gerne fertigen Limettensaft verwenden.
2. Die anderen Zutaten in den Limettensaft einrühren, bis die Masse sehr glatt ist.
3. Die fertige Masse nun einfrieren und alle 30 Minuten heraus nehmen und gut verrühren. Nach 4-6 Stunden ist das Eis servierfertig.

Fürst Pückler

Arbeitszeit: ca. 60 Minuten

Verzehrfertig: ca. 7-8 Stunden

Portionen: 3-4

Zutaten

50 g Bio-Zartbitter-Schokolade | 3 Becher Schlagsahne (mind. 30% Fettgehalt)
150 g Puderzucker 1 Vanilleschote 1 Ei-Gelb | 150 g tiefgefrorene Erdbeeren
100 g Schlagsahne | 6 Schokoladenblättchen | 1 handvoll frische Erdbeeren
Pergamentpapier

Zubereitung

1. Erdbeeren einige Stunden vor Eis-Herstellung auftauen lassen.
2. Verwenden Sie eine Kastenform mit 1,5 Liter Fassungs-Vermögen. Diese legen Sie mit sog. Pergamentpapier aus.
3. Schmelzen Sie die Schokolade im Wasserbad & lassen Sie sie etwas abkühlen.
4. Sahne mit Puderzucker steif schlagen und auf drei kleine Schüsseln verteilen. Einen Teil der Sahne mit Schokolade verrühren, in die Kastenform füllen und glatt streichen. Im Gefrierfach 15-20 Minuten anfrieren lassen.
5. Halbieren Sie die Vanilleschote der Länge nach und schaben Sie das Mark gründlich heraus. Vanillemark und Eigelb mit dem zweiten Teil der Sahne verrühren. Nun auf die Schokoladenschicht drauf streichen und erneut 15-20 Minuten gefrieren lassen.
6. Aufgetaute Erdbeeren mit dem Handrührgerät/Mixer pürieren. Das Erdbeermark in die restliche Sahne rühren und dann auf die Vanilleschicht streichen + weitere 15-20 Minuten gefrieren lassen.
7. Eis Nachts gefrieren lassen & nächsten Tag die gesamte Kastenform kurz in heißes Wasser tauchen, um das Eis leichter herauszustürzen. Papier entfernen.
8. Jetzt können Sie das Eis in dicke Scheiben schneiden und servieren.

Extra Tipp

Schlagen Sie Sahne steif und geben sie in einen Spritzbeutel mit Sterntülle. Jedes Eis-Stück mit einem Sahne-Tupfen hübsch verzieren, dazu ein paar Erdbeer-Scheiben auflegen

Mango-Joghurt

Arbeitszeit: ca. 10 Minuten

Verzehrfertig: ca. 6-8 Stunden

Portionen: 3-4

Zutaten

1 Mango | 200 ml griechischer Joghurt | 200 ml Sahne | 120 g feiner Zucker | 2 EL Zitronensaft | 1 Päckchen Vanillezucker

Zubereitung

1. Waschen & schälen Sie die Mango, um sie dann in kleine Stücke zu schneiden.
2. Zusammen mit dem Joghurt, Vanillezucker und Zitronensaft pürieren.
3. Sahne steif schlagen und unter die Mango Mischung heben.
4. Eismasse in eine geeignete Form einfüllen und 6-8 Stunden im Gefrierfach durchfrieren lassen. Alle 45-60 Minuten verrühren, um Eiskristallbildung zu vermeiden.

Eis am Stiel: Wassereis & Popsicles

Vor allem das allseits beliebte Wasser-Eis erfreut sich als Variante mit Stiel. Ein gewisses Mindestalter vorausgesetzt, können Sie sich vielleicht noch an die Zeit erinnern, als man Wassereis für 10 Pfennig an den Tankstellen kaufen konnte. Was für ein Spaß das war! Auch wenn man als Kind ja sozusagen fast dauerpleite war, war man finanziell doch immer in realistischer Reichweite, sich bald wieder ein Wassereis kaufen zu können. Ich kann mich noch daran erinnern, es gab damals das Wassereis in den Sorten Coca Cola, Zitrone, Orange und Kirsche in den meisten Tankstellen.

Zum Glück stoßen Sie in diesem Buch auf eine etwas breitere Auswahl!

Und hier noch ein paar „Wassereis-Start-Tipps“:

1. Sie können statt Früchten auch Sirup verwenden.
2. Wenn es schneller gehen soll, verwenden Sie fertige Smoothies statt Früchte.
3. Für eine cremigere Konsistenz fügen Sie etwas Sahne hinzu.
4. Eine weitere tolle Möglichkeit, dass Wasser-Eis etwas peppiger zu gestalten , sind Frucht-Stücke, Schokostücke, oder auch das Beimischen von Joghurt.
5. Verwenden Sie lieber Förmchen aus Silikon statt Hartplastik. So können Sie das Eis aus den Förmchen drücken ohne die Gefahr, dass die Förmchen womöglich brechen.

Melonen-Aprikose

Arbeitszeit: ca. 20 Minuten

Verzehrfertig: ca. 4-6 Stunden

Portionen: je nach Eis-Förmchengröße

Zutaten

120 g reife Aprikosen | 2 TL Zitronensaft | 3/4 Päckchen Bourbon Vanillezucker
10 g Puderzucker |20 g Puderzucker | 200 g Galia-Melone, möglichst reif

Zubereitung

1. Schneiden Sie die Aprikosen kreuzweise ein, legen Sie diese in eine Schüssel und überbrühen Sie nun mit kochend heißem Wasser. Schrecken Sie die Früchte ab, nun Steine entfernen und häuten.
2. Fruchtfleisch wird mit dem Zitronensaft, Vanillezucker & 10 g Puderzucker gründlich püriert.
3. Entfernen Sie das Fruchtfleisch von der Schale und entkernen Sie die Melone. Nun mit 20 g Puderzucker pürieren, evtl. nachsüßen mit Puderzucker bei Bedarf.
4. Nun wird das fruchtige Püree nacheinander in die Eisformen gefüllt, die Stile werden erst nach 1 Stunde Frierzeit angebracht.
5. Eis wird über Nacht eingefroren, bzw. mindestens 4 Std – je nach Leistungsfähigkeit Ihres Eisfaches.
6. Zum Servieren Eisförmchen kurz unter heißes Wasser halten, so lässt sich das Eis leichter lösen.

Kiwi

Arbeitszeit: ca. 15 Minuten

Verzehrfertig: ca. 4-6 Stunden

Portionen: je nach Eis-Förmchengröße

Zutaten

4 reife Kiwis | eine kleine Limette | 20 g feiner Zucker

Zubereitung

1. Pressen Sie die Limette aus oder verwenden Sie stattdessen 40 ml fertigen Limettensaft – am besten Bio-Qualität.
2. Die Kiwis schälen und 1 Kiwi davon in dünne Scheiben schneiden. Die anderen Kiwis mit Limettensaft und Zucker pürieren.
3. Die Eisförmchen mit den dünnen Kiwi Scheiben auslegen und anschließend das Fruchtpüree einfüllen.
4. Nach ca. 45 Minuten Frierzeit die Eis-Stile möglichst mittig ins das Eis hineindrücken.
5. Eis mindestens weitere 3,4 Stunden durchfrieren lassen.

Himbeer-Kokos

Arbeitszeit: ca. 15 Minuten

Verzehrfertig: ca. 4-5 Stunden

Portionen: je nach Eis-Förmchengröße

Zutaten

400 ml Kokosmilch, möglichst Bio-Qualität | 1 reife Banane | ½ Zitrone | 3 EL Ahornsirup | 1 Schälchen Bio-Himbeeren

Zubereitung

1. Die 400 ml Kokosmilch werden mit der Banane, dem Zitronensaft & dem Ahornsirup püriert. Statt Ahornsirup können Sie auch gerne flüssigen Honig verwenden.
2. Hälfte abnehmen und beiseite stellen.
3. Der Rest wird mit den Himbeeren püriert.
4. Zuerst die Himbeer-Mischung bis zur Hälfte in die Förmchen füllen und 20 Minuten ins Gefrierfach stellen bis die Konsistenz fester ist.
5. Zeit für die Kokosmilch-Mischung: Füllen Sie diese oben drauf und stecken Sie gleich den Stil mit rein.
6. Die fertige Mischung nun einige Stunden ins Gefrierfach stellen.

Johannisbeer-Skyr

Arbeitszeit: ca. 25 Minuten

Verzehrfertig: ca. 4-5 Stunden

Portionen: je nach Eis-Förmchengröße

Zutaten

250 g rote Bio-Johannisbeeren | 1 Zitrone | 3 EL Ahornsirup oder flüssiger Honig | 200 g Skyr | 100 g griechischer Joghurt | 100 g Sahne

Zubereitung

1. Zupfen Sie die Beeren von den Rispen runter, waschen Sie diese gründlich, um sie dann zusammen mit der Zitronenschale und 2 EL Ahornsirup fein zu pürieren. Streichen Sie die Masse durch ein feines Sieb.
2. Joghurt & Skyr in einer 2. Schüssel verrühren, ein Drittel zum Johannispüree geben und gut verrühren.
3. Der restliche Sirup wird in die Skyr-Joghurt Masse mit eingerührt.
4. Schlagen Sie die Sahne steif, um sie dann – jeweils zur Hälfte – auf beide Massen gleichmäßig zu verteilen und achtsam unterheben.
5. Nun wird die Masse in die Eisformen eingefüllt und ca. 45 Minuten anfrieren lassen, um dann die Stile mittig rein zu stecken.
6. 3-4 Stunden durchfrieren lassen.

Ananas-Eis

Arbeitszeit: ca. 25 Minuten

Verzehrfertig: ca. 4-6 Stunden

Portionen: 1-2

Zutaten

1 Ananas | 2 Schuss Apfelsaft | optional Stevia Drops/Fluid (= flüssiges Stevia)

Zubereitung

1. Die Ananas wird geschält und in mundgerechte Stückchen geschnitten.
2. Mit dem Apfelsaft zusammen in den Mixer geben & solange mixen bis die Flüssigkeit klar ist.
3. Die Flüssigkeit in die Förmchen gießen und Sie ins Gefrierfach stellen, bis Sie angefroren sind. Nun die Stiele rein stecken.
4. Nach weiteren 4-5 Stunden im Gefrierfach ist das Ananas-Eis fertig zum Verzehr!

Joghurtcreme

Arbeitszeit: ca. 10 Minuten
Verzehrfertig: ca. 4-5 Stunden
Portionen: je nach Eis-Förmchengröße

Zutaten

500 g griechischer Joghurt | 50 ml Sahne | 40-50 ml Ahornsirup
2-3 Spritzer Zitronen-Saft

Zubereitung

1. Vermischen Sie alle Zutaten gründlich und füllen Sie sie in Ihre Eisförmchen ein.
2. Je nach Leistungsstärke Ihres Gefrierfaches 4-5 Stunden frieren lassen.
3. Eisförmchen kurz unter warmes Wasser halten, um das Eis leichter aus den Förmchen entfernen zu können.

Lassi-Mango

Arbeitszeit: ca. 10 Minuten
Verzehrfertig: ca. 4-5 Stunden
Portionen: je nach Eis-Förmchengröße

Zutaten

1000 ml reife Mango, püriert | 5 EL Natur-Joghurt | ½ TL feiner Zucker
Spritzer Zitronen-Saft

Zubereitung

1. Geben Sie das Mango-Püree und den Joghurt in eine Schüssel und verrühren Sie Beides.
2. Für mehr Süße und Aroma geben Sie Zucker und Zitronensaft hinzu.
3. Füllen Sie die Eismasse in Ihre Eisförmchen und lassen Sie sie im Eisfach durchfrieren.

Sellerie-Salz

Arbeitszeit: ca. 10-15 Minuten

Verzehrfertig: ca. 4-6 Stunden

Portionen: je nach Eis-Förmchengröße

Zutaten

120 ml Wasser | 120 g Zucker | 10 frische Basilikumblätter | ¾ TL Salz
150 ml Selleriesaft

Zubereitung

1. Wasser und Zucker in einem Topf bei mittlerer Hitze zum köcheln bringen.
2. Sobald es köchelt, Topf vom Herd nehmen und die Basilikumblätter hinzugeben.
3. Sobald der Sirup auf Raumtemperatur abgekühlt ist, seihen Sie die Basilikumblätter aus und legen den Sirup zum Abkühlen in den Kühlschrank.
4. Entsaften Sie den Sellerie oder erwerben Sie alternativ Selleriesaft.
5. In einen großen Messbecher geben Sie den Selleriesaft, den Sirup und einen ¾ TL Salz. Gut vermischen! Stellen Sie sicher, dass sich das Salz komplett aufgelöst hat.
6. Nun die Masse in die Eisförmchen einfüllen und 4-6 Stunden durchfrieren lassen.

Obstsalateis

Arbeitszeit: ca. 10-15 Minuten

Verzehrfertig: ca. 4-6 Stunden

Portionen: je nach Eis-Förmchengröße

Zutaten

150 g Erdbeeren | 150 g Heidelbeeren | 100 g Kiwis | 50 g Bananen | 2 Limetten
3 EL feiner Zucker

Zubereitung

1. Waschen und putzen Sie das Obst, um es dann zu pürieren.
2. Pressen Sie die Limetten aus.
3. Zucker und Limettensaft werden dem Frucht-Püree untergemischt.
4. Die Eismasse in die Förmchen füllen und mindestens 4 Stunden im Gefrierfach durchfrieren lassen.

Nutella

Arbeitszeit: ca. 5 Minuten

Verzehrfertig: ca. 5-7 Stunden

Portionen: je nach Eis-Förmchengröße

Zutaten

500 ml Sahne | 8 EL feiner Zucker | 400 g Natur-Joghurt | 8 EL Nutella

Zubereitung

1. Geben Sie alle Zutaten in einen Mixer und verrühren Sie gründlich.
2. Füllen Sie die Masse in Ihre Eisförmchen und stellen Sie sie ins Eisfach.
3. Nach 5-7 Stunden ist das Eis bereit zum Verzehr!

Sahniges Maracuja-Eis

Arbeitszeit: ca. 30 Minuten
Verzehrfertig: ca. 6-7 Stunden
Portionen: je nach Eis-Förmchengröße

Zutaten

150 ml Passionsfrucht-Püree | 200 ml Milch | 100 g feiner Zucker
150 ml Sahne | 3 Eigelbe | Prise Salz | Vanille-Extrakt

Zubereitung

1. Sahne und Milch in einem Kochtopf vermischen.
2. 1/3 der Mischung in ein anderes Gefäß geben und mit dem Passionsfruchtpüree vermischen.
3. Die übrige Sahnemilch wird mit dem Zucker und einer Prise Salz erhitzt.
4. Zwischenzeitlich die 3 Eigelb in einer Schüssel verquirlen.
5. Ist der Zucker komplett aufgelöst und wurde ganz kurz aufgekocht, wird die Mischung langsam und gleichmäßig unter Rühren zu den Eigelb gegeben. Nicht zu schnell erhitzen.
6. Die komplette Sahne-Milch Mischung zurück in den Topf geben und solange aufkochen, bis die Masse eine gelatineartige Konsistenz erhält.
7. Nehmen Sie die Mischung vom Herd und rühren Sie den Vanille-Extrakt und die Maracuja Mischung unter.
8. Lassen Sie die Mischung unter gelegentlichem Umrühren in einem Eisbad abkühlen und stellen Sie sie dann in den Kühlschrank.
9. Ist die Eismasse gut durchgekühlt, füllen Sie sie in die Förmchen und legen Sie sie in das Eisfach für 6-7 Stunden.

Capri

Arbeitszeit: ca. 5-10 Minuten

Verzehrfertig: ca. 4-6 Stunden

Portionen: je nach Eis-Förmchengröße

Zutaten

500 ml Orangensaft ohne Fruchtfleisch | 30 g feiner Zucker
2 TL Zitronensaft

Zubereitung

1. Zucker, 100 ml Orangensaft und den Zitronensaft in einem Topf unter Rühren erhitzen.
2. Topf vom Herd nehmen, sobald der Zucker sich vollständig aufgelöst hat.
3. Übriger Orangensaft mit der Zucker-Mischung verrühren und dann in die Eisförmchen einfüllen.
4. 6-8 Stunden im Eisfach durchfrieren lassen.

Smoothie-Wassereis

Arbeitszeit: ca. 30 Minuten

Verzehrfertig: ca. 4-6 Stunden

Portionen: je nach Eis-Förmchengröße

Zutaten

200 g Salatgurke | 200 g Ananas | 1 Handvoll Bio-Rucola | Prise Natursalz | 1 Stängel Zitronen-Melisse | 1,5 EL Agaven- oder Ahorn-dicksaft

Zubereitung

1. Putzen Sie die Gurken, um diese dann längs zu halbieren. Entfernen Sie die Kerne und schneiden Sie das Fruchtfleisch klein.
2. Fruchtfleisch der Ananas in kleine Würfel schneiden.
3. Den Rucola und die Melisse abwaschen und trocken schütteln. Bei der Melisse die Blätter herunter zupfen.
4. Ananas, Gurke, Melisse und Rucola in einen Rührbecher geben und Agavensaft mit einer Prise Salz dazu geben. Mit Pürierstab oder Handmixer pürieren.
5. Wasser hinzufügen und gut vermischen, bis die Masse eine cremige Konsistenz aufweist.
6. Nun den Smoothie in die Eisförmchen einfüllen und 4-6 Stunden in das Gefrierfach geben und durchfrieren lassen.

Tomaten-Frucht-Allerlei

Arbeitszeit: ca. 15 Minuten

Verzehrfertig: ca. 4-6 Stunden

Portionen: je nach Eis-Förmchengröße

Zutaten

300 g Tomaten, möglichst reif | 220 g Erdbeeren | 1/3 Banane | 1 Zweig Zitronen-Thymian | 1 Orange | 2 EL Honig, flüssig | 200 ml Wasser Natursalz | 1 frisch geriebene Muskat-Nuss

Zubereitung

1. Tomaten 2-3 Sekunden in kochendes Wasser legen und gleich wieder heraus nehmen. Die Tomaten in ein Sieb geben, unter Kälte abschrecken und dann häuten. Tomaten-Fruchtfleisch vierteln + entkernen.
2. Erdbeeren waschen, entkelchen und in Würfel klein schneiden. Thymian abwaschen, trocken schütteln und die Blätter abzupfen. Banane schälen, 1/3 verwenden und in Scheiben schneiden. Orange wird heiß gewaschen, dann getrocknet und ca. 1 TL Schale abgerieben. Orange halbieren + den Saft pressen.
3. Alle Zutaten in einen Rührbecher füllen und flüssigen Honig hinzufügen. Gründlich pürieren. Wasser hinzufügen und vermischen.
4. Nun Salz und Muskatnuss in kleinen Portionen hinzugeben und immer wieder abschmecken.
5. Eismasse in die Förmchen füllen und 6-8 Stunden in Ihr Eisfach stellen.

Extra Tipp

- Sehr lecker: Bei Punkt 4 können Sie zusätzlich mit Balsamicocreme abschmecken.

Gesunde Schokobombe im Mantel

Arbeitszeit: ca. 20 Minuten

Verzehrfertig: ca. 6-7 Stunden

Portionen: je nach Eis-Förmchengröße

Zutaten

275 ml Mandel- oder Hafermilch | 200 g Cashewkerne | 125 g Datteln (möglichst saftig) | 2 EL Ahornsirup | 80 g Kakao | 60 g Kokosöl | 1 Banane
4 EL Mandeln | 80-100 g Zartbitterschokolade | Messerspitze Natursalz

Zubereitung

1. Banane in Scheiben schneiden und einfrieren für mehrere Stunden.
2. Cashew Kerne 90-120 Minuten in Wasser einweichen. Anschließend Wasser abgießen.
3. Pflanzenmilch, Cashewkerne, Datteln, Kakao, Ahornsirup, Kokosöl und Banane im Mixer oder mit Pürierstab gründlich vermixen, bis eine durchgängige Konsistenz der Eismasse erreicht wurde.
4. Eismasse in Förmchen gießen und 6-7 Stunden durchfrieren lassen.
5. Für die leckere Schoko Ummantelung werden die Mandeln gehackt und 5 Minuten ohne Öl in der Pfanne - unter ständigen durchrühren - geröstet.
6. Schokolade nun im Wasserbad einschmelzen.
7. Das fest gefrorene Eis bzw. die Förmchen kurz warm abspülen und Eis aus der Form lösen
8. Tauchen Sie nun das Eis in die warme Schokolade. Sofort danach nach Belieben mit Mandeln und einer Prise Salz bestreuen und servieren.

Frostige Kinderschokolade

Arbeitszeit: ca. 20 Minuten

Verzehrfertig: ca. 6-8 Stunden

Portionen: Rezept ist ausgelegt auf 2 große Förmchen.

Zutaten

10 Riegel Kinder Schokolade | 100 ml Vollmilch | 200 ml Sahne
4 Eigelb

Zubereitung

1. Erwärmen Sie die Milch in einem Topf, nicht aufkochen lassen.
2. Legen Sie 3 Kinder Schokolade Riegel beiseite, die restlichen Riegel geben Sie in den Topf mit Milch und lassen sie schmelzen.
3. Das Eigelb nun schaumig schlagen und vorsichtig zur Milchmasse beigeben, ungefähr 10 Minuten köcheln und dann eindicken lassen.
4. Lassen Sie die Masse auf Zimmertemperatur abkühlen.
5. Legen Sie das Eis für ca. 3 Stunden ins Gefrierfach, alle 45-60 Minuten gut umrühren.
6. Je 1 Kinder Riegel in 2 große Eis Förmchen legen und dann das Eis darüber verteilen. Weitere 2-3 Stunden durchfrieren lassen.
7. Den letzten Kinderschokolade-Riegel schmelzen und über die beiden Eismassen verteilen.

Frozen-Joghurt meets Smarties

Arbeitszeit: ca. 10 Minuten

Verzehrfertig: ca. 6-7 Stunden

Portionen: je nach Eis-Förmchengröße

Zutaten

120 g Smarties oder andere Schoko-Linsen | Vanilleschote, halbe | 350 g Sahnejoghurt | 150 g Creme fraiche | 35 g Puderzucker | ½ EL Bio-Zitronenschale, abgerieben | 6 Eisförmchen (ca. 100 ml Fassungsvermögen) mit Haltestäbchen

Zubereitung

1. Halbieren Sie die Vanilleschote der Länge nach und kratzen Sie das Mark heraus.
2. Sahnejoghurt, Vanillemark, Creme fraiche, Puderzucker und Zitronenschale werden verrührt.
3. Schokolinsen klein hacken und unterrühren.
4. Die Joghurtcreme in die Förmchen füllen, Eis-Stäbchen hinein stecken und 6-8 Stunden durchfrieren lassen.

Superfood Eis

Naschen und dabei noch was für die Fitness und Gesundheit tun – geht das?

Sie werden alleine durch den Verzehr von Superfood-Eis natürlich nicht zu einem Hochleistungs-Athlet mutieren. Allerdings ist Superfood perfekt geeignet, leichter den Mindestbedarf an Vitaminen, Mineralien und Antioxidantien zu decken. Denn damit ist Superfood „bis oben hin“ gefüllt.

In diesem Kapitel ist jedem Rezepte eine Superfood-Information beigefügt. Damit Sie auch wissen, was Sie sich gerade Gutes tun beim Schlemmen!

Kokos-Schoko-Eis mit Chiasamen

Arbeitszeit: ca. 40 Minuten

Verzehrfertig: ca. 5,6 Stunden

Portionen: 4-5

Zutaten

40 g Chia-Samen | 400 ml Milch oder Pflanzendrink nach Wahl | 4-5 EL Ahornsirup | 2 EL Kakao-Pulver in Bio-Qualität | 1 TL Vanilleextrakt
80 g Zartbitter-Schokolade | 4 Datteln, möglichst saftig | gehackte Pistazien nach Belieben

Zubereitung

1. Schmelzen Sie die Schokolade über einem heißen Wasserbad
2. Geschmolzene Schokolade mit Kakaopulver, Milch, Chiasamen, Vanilleextrakt und Ahornsirup gut durchpürieren und dann 45-60 Minuten abkühlen lassen.
3. Datteln klein hacken und in die Eismasse einrühren.
4. Eismasse in Gefrierschrank geben, alle 45 Minuten verrühren und nach ca. 6 Stunden servieren.

Superfood-Info ☞

- Chiasamen enthalten 5-mal mehr Kalzium als Milch.
- Chiasamen helfen den Blutzucker zu stabilisieren.
- Chiasamen liefern hochwertiges, pflanzliches Protein.
- In Chiasamen sind viele für den menschlichen Körper wichtige Mikro-Nährstoffe enthalten.

Beeren-Powerpack-Eis to go

Arbeitszeit: ca. 20 Minuten

Verzehrfertig ca. 4- 5 Stunden

Portionen: 1-2

Zutaten

Bio-Früchte: 200 g Blaubeeren | jeweils 100g Brombeeren und Johannisbeeren (rot-schwarz im 50:50 Verhältnis) | Kerne eines halben Granatapfels | 50 g feiner Zucker | ½ Limette Saft | ½ Limette, Abrieb

Zubereitung

1. Zucker und Limetten-Abrieb in 150 ml qualitativ gutes Trinkwasser aufkochen lassen.
2. 5-10 Minuten lang köcheln, bis sich der Zucker aufgelöst hat – anschließend abkühlen lassen.
3. Alle Beeren putzen und waschen. Hälfte der Blaubeeren beiseitelegen.
4. Die restlichen Beeren pürieren, durch ein möglichst feines Sieb streichen und mit dem Sirup und dem Limettensaft vermischen.
5. Die Blaubeeren zu den Granatapfelkernen unterrühren.
6. Abfüllen in Eisförmchen und 4-5 Stunden einfrieren lassen.
7. Möglichst rasch verzehren für maximalen Gaumenschmaus!

Superfood-Info ☞

- Brombeeren enthalten Vitamin A und C, Magnesium, Calcium, Kalium, Eisen und sekundäre, das Immunsystem anregende Flavenoide.
- Die Anthocyane der Blaubeeren beseitigen biochemische Abfallprodukte im Gehirn und unterstützen somit die Gedächtnisleistung.
- Johannisbeeren weisen einen hohen Gehalt an Vitamin C, Kalium & Eisen auf. Ihr hoher Pektingehalt unterstützt die Verdauung.
- Granatapfel ist stark immunstärkend und wirkt somit präventiv gegen viele Krankheiten. Er hilft dem Körper, Entzündungsprozesse zu bekämpfen.

Goji-Ingwer-Immunbooster

Arbeitszeit: ca. 20 Minuten

Verzehrfertig ca. 5-6 Stunden

Portionen: 2-3

Zutaten

500 ml Reis- oder Hafermilch | 25 g Ingwer-Wurzel | 150 g Bio-Gojibeeren
4 saftige Datteln | 120 g Cashew-Kerne | 2 TL Acai-Pulver

Zubereitung

1. Schälen Sie zuerst den Ingwer, um ihn dann fein zu raspeln mit Hilfe einer Reibe.
2. Ingwer mit den Goji-Beeren, Datteln und Cashew-Kernen in den Mixer geben & pürieren.
3. Nun die Pflanzenmilch & das Acai-Pulver hinzufügen und erneut durchmixen.
4. Die fertige Masse zum ersten Mal nach ca. 1 Stunde im Gefrierfach gut durchrühren und wieder zurück ins Gefrierfach legen.
5. Punkt 4 mehrmals wiederholen – nach 4 bis 6 Stunden ist das Eis servierfertig!

Superfood-Info ☞

- Die Goji Beere hat Anti-Aging Eigenschaften durch den hohen Zink Gehalt, sodass die Haut langsamer altert. Außerdem regt sie die Hautdurchblutung und verbessert die Fähigkeit Feuchtigkeit zu binden.
- Sie verfügt über einen gelungenen Immun-Boost-Cocktail, bestehend aus B-Vitaminen und Vitamin C.
- Die Goji wirkt stark antioxidativ und unterstützt somit den Abbau von freien Radikalen im Körper.

Papaya-Vitamin-Kick

Arbeitszeit: ca. 10 Minuten

Verzehrfertig ca. 5-6 Stunden

Portionen: 4-6

Zutaten

4 Papayas – vollreif | 500 ml Kokosmilch | 80 g Pekan-Nüsse
150 g Agavendicksaft | 3 EL Limettensaft | 1-2 Prisen Salz

Zubereitung

1. Halbieren Sie die Papayas, um sie zu entkernen und dann das Fruchtfleisch herauszulöffeln. Zusammen mit der Kokosmilch, Salz, Agavendicksaft und Salz fein pürieren
2. Pürierte Masse in das Gefrierfach legen.
3. Die Pekannüsse werden grob gehackt und ohne Fett in einer Pfanne angeröstet.
4. Die Eismasse wird alle 30 Minuten aus dem Gefrierfach genommen und gründlich verrührt (z.B. mit Gabel oder Stab-Mixer). Danach erneut im Gefrierfach lagern.
5. Vorgang mehrmals wiederholen, nach 4-6 Stunden ist das Eis verzehrfertig.

Superfood-Info ☞

- Papaya reguliert die Verdauung und unterstützt dabei, Pfunde zu verlieren.
- Die Papaya weist hohe Anteile an Vitamin A, C, E und Beta Carotin auf. Des Weiteren ist sie voller gesunder Mineralien und Spurenelemente.
- Das enzymspaltende Papain der Papaya hilft effektiv gegen Darmparasiten und gegen eine schlechte Darmflora.

Blaubeercreme-Eis

Arbeitszeit: ca. 20 Minuten
Verzehrfertig ca. 4,5 Stunden
Portionen: 2

Zutaten

250 Gramm Blaubeeren | 4-5 EL feiner Zucker | Saft ½ Bio Zitrone | 2 x Eigelb | 1 Ei - ganz | 300 ml Sahne

Zubereitung

1. Pürieren Sie die Blaubeeren, den Zitronensaft und 50% des Zuckers.
2. Ei und Eigelbe werden mit dem restlichen Zucker schaumig gerührt.
3. Die Sahne wird steif geschlagen und dann mit der Ei-Menge gut verrührt.
4. Füllen Sie diese Masse in eine Form und rühren Sie die pürierten Blaubeeren grob unter, sodass Frucht und Sahne ein schönes Farbmuster ergeben.
5. Frieren Sie das Eis über Nacht ein, oder zumindest 6 Stunden lang.

Superfood-Info ☞

- Blaubeeren zählen zu den gesündesten Früchten überhaupt.
- Neben wichtigen Vitaminen und Antioxidantien weist die Blaubeere einen hohen Gehalt an Eisen und Folsäure auf.
- Mit 40 Kalorien pro 100 Gramm unterstützen Sie jede Diät sinnvoll.
- Gilt für Viele als das gesündeste, heimische Superfood!

Acai-Frucht-Explosion

Arbeitszeit: ca. 20 Minuten

Verzehrfertig ca. 4,5 Stunden

Portionen: 2-3

Zutaten

4-5 TL Acai-Pulver | 175 g Brombeeren | 140 g Blaubeeren | ½ Avocado
1 Vanilleschoten-Mark | 1 Zitrone, Saft und Schale | 60 g feiner Zucker
140 ml Kokosmilch

Zubereitung

1. Vermixen Sie zuerst die Blaubeeren, Brombeeren, Vanille, Zucker, Zitronensaft und Zitronenschale.
2. Nun Kokosmilch, die Avocado und das Acai Pulver beigeben und erneut vermixen.
3. Die Eismasse in das Gefrierfach stellen und 5 bis 6 Stunden durchfrieren lassen. Dabei mehrmals verrühren, um Eiskristall-Bildung zu vermeiden.

Superfood-Info

- Die aus Brasilien stammende Acai -Beere hat ähnlich hohe antioxidative Schutzwirkung wie unsere heimische Blaubeere.
- Gegenüber der Blaubeere weist Sie jedoch einen viel niedrigeren Vitamin C Gehalt auf, verfügt jedoch über weitaus mehr Kalzium.

Chlorella-Fruchtallerlei-Eis

Arbeitszeit: ca. 20 Minuten

Verzehrfertig ca. 4-5 Stunden

Portionen: 2-3

Zutaten

1 bis 1,5 TL Chlorella-Algen-Pulver | 2 Bananen | 2 Pfirsiche | 200 g Ananas
3 Datteln (saftige) | 1 Kiwi | 400 ml Wasser

Zubereitung

1. Kiwi beiseitelegen.
2. Restliches Obst waschen und zerkleinern, um es dann im Mixer zu pürieren.
3. Die Kiwi in sehr dünne Scheiben schneiden und innen – jeweils 1 oder 2 Scheiben - an die Eisförmchen „anschmiegen".
4. Nun vorsichtig das pürierte Obst einfüllen und 6-8 Stunden in Ihr Eisfach legen.

Info ☞

- Protein-Bombe: Chlorella besteht zu 50% aus hochwertigem Protein, mit allen 9 Aminosäuren.
- Enthält Omega 3 Fettsäuren, die u.a. für das Gehirn essentiell sind.
- Enthält verschiedene antioxidativ wirkende Substanzen: Vitamin C, Chlorophyll, Lycopin. Lutein und auch Beta-Carotin.
- Enthält zahlreiche Vitamine, Mineralien und Spurenelemente: Eisen, Vitamin C, Zink, Kupfer, Magnesium, Kalzium, Kalium, B-Vitamine, Folsäure.

Hanf-Himbeer-Traum

Arbeitszeit: ca. 5 Minuten

Verzehrfertig ca. 4 Stunden

Portionen: 2-3

Zutaten

2 Bananen, reif | 600 g Himbeeren | 30 g Hanfsamen, geschält | 1 Orange
25 g feiner Zucker

Zubereitung

1. Geben Sie alle Zutaten in einen Mixer oder verwenden Sie einen Pürierstab.
2. Eismasse in eine ausreichend große Form einfüllen und ca. 4 Stunden zum Durchfrieren in das Eisfach legen, mehrmals verrühren während dem Einfrieren.

Superfood-Info ☞

- Hanf weist einen hohen Gehalt an Vitamin E und B2 auf.
- Hanf punkt mit hohem Proteingehalt. Hanf-Protein hat darüberhinaus eine sehr gute Bioverfügbarkeit.
- Gesunde Fettsäuren: Neben Omega 3 und Omega 6 enthalten Hanfsamen ebenso Gamma-Linolensäure.
- Hanfsamen wirken stoffwechselanregend & unterstützen somit hervorragend beim Abnehmen.

Macca-Doppelnuss-Eis

Arbeitszeit: ca. 5 Minuten

Verzehrfertig ca. 5-6 Stunden

Portionen: 1-2

Zutaten

15-20 g Macca-Pulver | 100 g Cashew-Mus | 90 ml Ahornsirup
¼ TL Johannisbrotkernmehl | ¼ TL Guarkernmehl
5 EL gehackte Walnuss-Kerne

Zubereitung

1. Cashew-Mus mit dem Macca-Pulver und dem Sirup im Mixer cremig verrühren.
2. Guarkern- und Johannisbrotkernmehl wird untergemischt und vermixt.
3. Die Eismischung einige Stunden durchfrieren lassen, mehrmals im Gefriervorgang verrühren.
4. Beim letzten Verrühren und Einfrieren die Walnüsse beigeben.
5. Nach erneutem 45-60 Minuten im Eisfach Eis servieren!

Superfood-Info ☞

- Macca wird traditionell als Aphrodisiakum eingesetzt.
- Sportler nutzen Macca zur legalen Leistungssteigerung, Kopf-Arbeiter um die geistige Wachheit zu steigern.
- Als sog. Adaptogen hilft Macca, Stress besser zu verarbeiten oder gar nicht mehr wahrzunehmen.

Grüntee-Eis

Arbeitszeit: ca. 10 Minuten

Verzehrfertig ca. 7-8 Stunden

Portionen: 4

Zutaten

500 ml Bio-Sahne | 500 ml Milch | 150-175 g feiner Zucker
Messerspitze Salz | 15-17 g Matcha Pulvertee

Zubereitung

1. Verrühren oder Vermixen Sie die Zutaten im Mixer, bis sich der Zucker vollständig aufgelöst hat.
2. Eismasse in ein gefrier-geeignetes Förmchen einfüllen und 6-8 Stunden durchfrieren lassen.
3. Gelegentlich umrühren, um Eiskristall-Bildung zu minimieren und dann bei gewünschter Konsistenz servieren.

Superfood-Info ☞

- Grüntee wird seit Jahrhunderten als Heilmittel in der traditionellen chinesischen Medizin verwendet.
- Grüner Tee beinhaltet mehr Antioxidantien als andere Teeblätter
- Grüntee wird keiner Bearbeitung unterzogen wie andere Tee-Arten und behält somit sein volles Profil an Vitaminen und Mineralien.

Nicecream – Kalorienarmes, veganes Eis

Meistens ist die Basis-Zutat für eine Nicecream Banane. Es gibt jedoch Alternativen. So können Sie zum Beispiel die Banane auch gegen eine Süßkartoffel tauschen, oder die Nicecream ausschließlich aus Beeren herstellen.

Hinter der Wortschöpfung Nice-Cream verbirgt sich eine sehr gesunde Eiscreme, ohne Industrie-Zucker, künstliche oder tierische Inhalts-Stoffe.

Stattdessen werden Früchte in Bio-Qualität (vornehmlich Bananen, Beeren, Ananas) mit gesunden Leckerlis wie Nüsse, Agaven- oder Ahornsüße, Bio-Kakao-Pulver kombiniert.

Damit es Ihnen gelingt, die ultimative Nicecream zu kredenzen, ein paar Starter-Tipps für Sie:

1. Eine Nice-Cream mit Bananen schmeckt nur mit reifen Bananen, außer Sie legen keinen Wert auf ein süßes Eis.
2. Die Bananen werden vorgefroren. Dabei empfiehlt sich, die geschälten Bananen in 1,5-2 cm dicke Scheiben zu schneiden, um sie dann luftdicht für einige Stunden in die Eisbox zu legen. Erst nach dem Durchfrieren der Bananen empfiehlt es sich, mit der Nicecream Zubereitung zu starten.
3. Wenn Ihr Mixer etwas schwächerer Natur ist, lassen Sie die Bananen etwas antauen. Hauptsache das Endresultat ist ein gut verrührtes Bananenpüree
4. Nice-Creams sind vegan. Wollen Sie dennoch ein bisschen cremige Konsistenz einbringen, versuchen Sie es mal mit Soya-Creme, bzw. Soja Sahne aus dem Reformhaus.
5. Nicecreams wieder einzufrieren ist nicht zu empfehlen. Sie werden Einbußen beim Geschmack und in der Konsistenz verzeichnen können.

Bananen-Erdbeer-Eis

Arbeitszeit: ca. 25 Minuten

Verzehrfertig: ca. 4 Stunden

Portionen: 2

Zutaten

2 Banane | 150 Gramm TK Erdbeeren | 2 EL Agavendicksaft oder flüssigen Honig

Zubereitung

1. Die geschälte Banane wird in Scheiben geschnitten und über Nacht eingefroren. Je reifer die Banane, desto höher ist der fruchteigene Zuckergehalt.
2. Die gefrorenen Früchte – Bananen und Erdbeeren in einen Mixer geben und gut auf hoher Stufe durchmixen.
3. Agavendicksaft dazu geben und nochmal mixen – diesmal auf einer niedrigen Stufe. Solange bis die Konsistenz der Eismasse cremig ist.

Extra Tipp

- Wenn es etwas weniger kalorienbewusst sein darf – geraspelte Zartbitter-Schokolade und/oder Minze sind eine schmackhafte Ergänzung für dieses Eis.

Pfirsich-Banane-Cream

Arbeitszeit: ca. 10 Minuten

Verzehrfertig: ca. 4 Stunden

Portionen: 2

Zutaten

2 Bananen | 3-4 Bio-Plattpfirsiche | optional: Stevia Flüssigsüße

Zubereitung

1. Die Bananen schälen und in Scheiben schneiden. Die Pfirsiche werden gewaschen und in Stücke geschnitten.
2. Beides über Nacht einfrieren.
3. Bananen und Pfirsiche in den Mixer geben und pürieren, bis eine cremige Konsistenz erreicht wird.

Extra Tipp

- Sehr lecker hierzu ist, über die fertige Eismasse etwas Ahornsirup drüber zu träufeln.

Schlemmer-Schoki

Arbeitszeit: ca. 45 Minuten

Verzehrfertig: ca. 5 Stunden

Portionen: 2

Zutaten

1 Süßkartoffel (ca. 400mg) | 2 EL Bio-Kakao (ungezuckert) | 3 EL Reis- oder Agavensirup | 2 EL Erdnussbutter | 2 EL ungezuckerte Mandel- oder Hafermilch

Zubereitung

1. Stechen Sie die Süßkartoffel mehrmals ein und garen Sie sie bei 180 Grad für ca. 30 Minuten. Ohne Backofen können Sie die Kartoffel in Würfel schneiden und 20-25 Minuten in einem Topf weich kochen.
2. Die Süßkartoffel erst abkühlen lassen, um sie anschließend in kleine Stücke zu schneiden.
3. Die gekochten Stücke am besten die ganze Nacht durchfrieren lassen, zumindest mehrere Stunden.
4. Nun alle Zutaten in den Mixer geben und solange mixen bis eine cremige Konsistenz erreicht ist.
5. Die Nicecream in ein hübsches Glas schichten.
6. Vor Verzehr nach Belieben mit Früchten garnieren.

Extra Tipp

- Wer Nüsse mag: eine gute Ergänzung zu diesem Eis sind 2-3 EL Erdnuss- oder Cashewbutter, die zusammen mit den anderen Zutaten vermixt werden.

Pistazien-Banane

Arbeitszeit: ca. 15 Minuten

Verzehrfertig: ca. 4-5 Stunden

Portionen: 1-2

Zutaten

200 g Bio-Bananen | ½ TL Matchapulver | 3 EL Hafermilch | 3 EL gehackte Pistazien

Zubereitung

1. Bananen schälen und in 20 mm Scheiben schneiden, dann einfrieren (mindestens 6 Std)
2. Bananen in einen Becher geben und pürieren
3. Die anderen Zutaten dem Bananen Püree beigeben und untermixen.
4. Garnieren mit den gehackten Pistazien und sofort servieren!

Krispe Schokodattel-Creme

Arbeitszeit: ca. 15 Minuten

Ruhezeit: ca. 4 Stunden

Portionen: 2

Zutaten

2 Bio-Bananen | 100 g Datteln (Sorte: „Neglet Nour“) | 2-3 TL Bio-Kakao Pulver
75 g Cashew-Kerne

Zubereitung

1. Die Bananen in kleine Stücke schneiden und einfrieren.
2. Zu den gefrorenen Bananen die Datteln, den Kakao und die Cashews beigeben und mit einem leistungsstarken Mixer pürieren.
3. Sofort verzehren für besten Geschmack!

Extra Tipp

- Die Verwendung der Dattel Sorte „Neglet Nour“ ist ausschlaggebend für ein saftiges Eis-Vergnügen!

Blue Evening

Arbeitszeit: ca. 5-10 Minuten

Ruhezeit: ca. 4 Stunden

Portionen: 2-3

Zutaten

3 Bananen | 120 g Heidelbeeren | 1 TL frische Lavendelblüten
150 ml Mandelmilch

Zubereitung

1. Die Bananen in kleine Scheiben schneiden und 4-5 Stunden einfrieren.
2. Alle anderen Zutaten, außer den Lavendel, gründlich mit Pürierstab oder Handmixer vermixen.
3. Nun die gefrorenen Bananen dazu geben und auf niedriger Stufe mixen, bis die Konsistenz der Eismasse einheitlich ist.
4. Die Nicecream nun auf Teller oder in Gläser einfüllen und mit den Lavendelblüten dekorieren.

Protein-Muskel+Eis (Nicecream)

Arbeitszeit: ca. 10 Minuten

Verzehrfertig: ca. 3-4 Minuten

Portionen: 2-3

Zutaten

50-70 g Bananen-Protein-Pulver (z.B. „More Nutrition Total Protein" auf amazon.de | 1 Banane, reif + gefroren | 1 Zucchini, gefroren | 200g Magerquark

Zubereitung

1. Banane schälen und in Scheiben schneiden. Geben Sie die Banane in eine Tüte und legen Sie sie in Ihr Gefrierfach 3,4 Stunden.
2. Wie Punkt 1, nur mit dem Zucchini.
3. Alle Zutaten in den Mixer geben und gründlich vermischen.
4. Am besten sofort verzehren!

Pina Colada-Ananas-Mix

Arbeitszeit: ca. 10 Minuten

Verzehrfertig: ca. 4 Stunden

Portionen: 2

Zutaten

2 Bananen, reif | Ananas, 4 Ringe | 100 ml Vollmilch
Kokosflakes & Kokosmus nach Belieben

Zubereitung

1. Schneiden Sie die Bananen und die Ananas in kleine Scheiben.
2. Legen Sie die Obststücke in einen Gefrierbeutel. Achten Sie darauf, dass sich die Obststücke nicht berühren (sonst bilden sich Klumpen).
3. Milch in eine Rührschüssel oder Küchenmaschine geben, gefrorenes Obst hinzufügen.
4. Erst auf langsamer Stufe für eine halbe Minute mixen mit der Küchenmaschine oder mit dem Pürierstab. Dann nochmal auf hoher Stufe für ca. eine halbe Minute. Fertig!
5. Füllen Sie die Nicecream in Becher oder Schüsseln ab und dekorieren sie nach Belieben mit Kokosflakes und Kokosmus.

Gemüse-Eis

Der ein oder andere Leser wird sich jetzt fragen, was Gemüse denn bitteschön in einem Eis verloren hat. Und Sie haben sicherlich Rech: Gemüse ist mit Sicherheit nicht die erste Assoziation, wenn einem der Sinn nach Eiscreme steht.

Trotzdem würde ich Sie gerne ermuntern, es mal zu probieren. Dabei sollen Sie gar nicht Ihre Lieblings-Eissorten vernachlässigen, sehen Sie es doch einfach als eine zusätzliche Variante an, wie man Gemüse konsumieren kann. Eben als leckeres, kaltes Eis! Eventuell für die heißen Tage, an denen man auf warmes Gemüse keinen Appetit hat.

Und vielleicht können Sie in dieser Darreichungsform sogar Ihre Kinder von Gemüse überzeugen. Einen Versuch ist es wert!

Käse-Gurken-Eis mit Pfiff

Arbeitszeit: ca. 15 Minuten

Ruhezeit: ca. 5-6 Stunden

Portionen: 2-3

Zutaten

3 große Landgurken | 200 g Ricotta-Käse | 3 EL feiner Zucker – 100 g Sahne
1 Prise Salz

Zubereitung

1. Von der Gurke entfernen Sie das Kern-Gehäuse, die beiden Enden und die Schale.
2. Pürieren Sie die Gurken zusammen mit dem Ricotta & der Sahne.
3. Zucker und Salz beigeben und nochmal kurz pürieren.
4. Die fertige Masse ins Eisfach geben und alle 30-45 Minuten gut verrühren, sodass sich keine Eiskristalle bilden können.
5. Nach 5-6 Stunden ist das Eis servierfertig!

Extra Tipp

- Wer gerne kleine Stückchen im Eis mag, der schneidet ¼ von einer Gurke in kleine Stückchen und gibt sie der Eismasse bei vor dem Einfrieren.

Rhabarber-Rakete

Arbeitszeit: ca. 30-40 Minuten

Servierfertig: ca. 5-6 Stunden

Portionen: 2

Zutaten

250 g Bio-Rhabarber | 40 ml Sahne | 1 Eigelb | 50 g feiner Zucker | 15-20 ml Zitronensaft | 2 Messerspitzen Vanilleschote

Zubereitung

1. Schälen Sie den Rhabarber, um ihn dann in Stücke zu schneiden.
2. Vermischen Sie den Rhabarber mit 25 g des Zuckers und lassen ihn 45 Minuten stehen.
3. Nun aufkochen unter Beigabe der Vanille und des Zitronensaftes – solange, bis der Rhabarber zerkocht ist.
4. In einem heißen Wasserbad wird das Eigelb mit den anderen 25 g Zucker zu Creme verarbeitet. Weiter schlagen, bis die Creme abgekühlt ist.
5. Rhabarber + die geschlagene Sahne in der Creme unterrühren.
6. In das Gefrierfach legen und insgesamt 4 - 5 mal in 5-6 Stunden aus dem Gefrierfach nehmen und verrühren, um Eiskristall-Bildung zu verhindern.

Süßkartoffel-Zimt-Eis

Arbeitszeit: ca. 30-40 Minuten

Servierfertig: ca. 5-7 Stunden

Portionen: 1- 2

Zutaten

200g Bio-Süßkartoffel | 200g Voll-Milch | 1 TL Johannisbrotkernmehl
80g feiner Zucker | 1 Prise Zimt

Zubereitung

1. Schälen Sie die Süßkartoffel und schneiden Sie sie in Stücke.
2. Kochen Sie die Süßkartoffel weich (ca. 20 Minuten) und geben sie dabei Zimt und Zucker bei.
3. Nun pürieren Sie die Süßkartoffel-Zimt-Zucker Mischung unter Zugabe des Johannisbrotkernmehls.
4. Die fertige Masse einfrieren und regelmäßig – alle 30-45 Minuten - verrühren und zurück stellen. Nach 4-6 Stunden ist das Eis servierfertig.

Zucchini-Mandel-Bombe

Arbeitszeit: ca. 15 Minuten

Servierfertig: ca. 5-7 Stunden

Portionen: 3-4

Zutaten

500 g Zucchini | 300 ml Mandelmilch | 120 g Mandelmus | 4 EL Ahornsirup

Zubereitung

1. Waschen Sie die Zucchini, hacken Sie sie in kleine Stückchen, um Sie dann 2-3 Minuten kurz zu blanchieren.
2. Die Zucchinistücke mit Mandelmilch mischen und dann fein pürieren.
3. Nun wird das Mandelmus und der Ahornsirup bei gegeben und nochmal durch-püriert.
4. Die fertige Masse wandert nun ins Gefrierfach und wird alle 30-45 Minuten gut verrührt, um die Entstehung von Eiskristallen zu unterbinden. Der Vorgang wird mehrmals wiederholt und nach insgesamt 5-7 Stunden ist das leckere Eis servier- und verzehrfertig.

Extra Tipp

- Zum Dekorieren eignen sich Mandelblättchen.

Rote Beete-Obst-Eis

Arbeitszeit: ca. 60-70 Minuten

Servierfertig: ca. 5-7 Stunden

Portionen: 6-10, je nach Eisförmchen-Größe

Zutaten

600 g Rote Bete | 500 ml frischer Orangensaft | 10-12 Aprikosen |Abgeriebene Schale einer halben Bio-Orange

Zubereitung

1. Die rote Beete wird 30-40 Minuten durchgekocht, bis sie weich ist. Testen Sie mit einem Messer, sie müssen leicht in die Rote Beete rein stechen können.
2. Halbieren Sie die Aprikosen und köcheln Sie die Rote Beete, die Aprikosen, den Orangensaft und die Schale für weitere 10 Minuten.
3. Lassen Sie die ganze Masse 15 Minuten abkühlen und pürieren sich diese dann gründlich.
4. Gießen Sie die Masse durch ein Feinsieb in wieder verwendbare Eisförmchen – und dann ab damit ins Gefrierfach und nach einigen Stunden Gefrierzeit servieren und verzehren.

Mix-Gemüse-Eis mit Schuss

Arbeitszeit: ca. 60 Minuten

Servierfertig: ca. 6-7 Stunden

Portionen: 4-6

Zutaten

3 Bio-Karotten | 3 Knollen Knoblauch | 1 Stange Stauden-Sellerie | 3 weiße Zwiebel | 1 Zweig Thymian | 180 g Knollensellerie | 1 Zweig Rosmarin | 5 Pfefferkörner, zerstoßen | 5 EL Rapsöl | 2 EL Tomatenmark | 85 g Tomami-Würzsauce 1 EL tasmanischer Pfeffer | 100 g pflanzlicher Textur-Geber, Basic Texture 500 ml Rotwein nach Geschmack | 1 Liter Fond nach Wahl, Kalb, Geflügel, Gemüse)

Zubereitung

1. Das Gemüse nach dem Waschen und Schälen grob würfeln.
2. Erhitzen Sie das Gemüse in einem ausreichend großen Topf und braten Sie das Gemüse unter permanentem Rühren an bis es braun ist.
3. Geben Sie das Tomatenmark hinzu und verrühren Sie weiter.
4. Fügen Sie nun die Kräuter hinzu, umgehend mit Rotwein ablöschen und um die Hälfte reduzieren lassen.
5. Auffüllen mit Fond & Tomami
6. 2 Stunden köcheln lassen auf leichter Flamme.
7. Pürieren und abpassieren.
8. Fertige Masse mit der Textur vermengen und die Eismasse in ein ausreichend großes Gefäß einfüllen und im Eisfach durchfrieren lassen.
9. 7-8 Stunden durchfrieren lassen; alle 45 Minuten gut verrühren.

Info ☞

- Tomami ist eine Würzsauce, die es in verschiedenen Geschmacksrichtungen gibt, z.B. Toskana, Japan, India. Sie können Bezugsquellen auf der Website von Tomami unter tomami.eu/bezugsquellen einsehen. Natürlich können Sie auch eine andere Würzsauce Ihrer Wahl für das Rezept verwenden.

Wasabi-Flash-Eis

Arbeitszeit: ca. 20 Minuten

Servierfertig: ca. 5-7 Stunden

Portionen: 4-6

Zutaten

4 Eigelbe aus Bio Eiern | 4 EL feiner Zucker | 50 g Milch Pulver | 0,7 Liter Milch 25 g Wasabipaste | 500 g Bio-Salatgurke | 250 ml Weißwein-Essig | 2 TL feiner Zucker

Zubereitung

1. Schälen Sie die Gurken und schneiden Sie sie in streichholzartige Stifte.
2. 2 TL Zucker werden in Weinessig gelöst und die Gurkenstreifen 2 Stunden im Kühlschrank eingelegt.
3. Eigelbe mit 4 TL Zucker schaumig schlagen.
4. Zwischenzeitlich die Milch mit Milchpulver zu Kochen bringen, um sie dann zu den Eigelben zu gießen. Gleichzeitig mit dem Handmixer oder Schneebesen weiter schlagen.
5. Nehmen Sie etwas Milch und lösen Sie die Wasabi-Paste darin auf; geben Sie sie zur restlichen Eismasse und dann in Ihr Eisfach legen und alle 30 Minuten gut vermischen, damit das Eis nach 5,6 Stunden im Eisfach schön cremig ist.
6. Vorm Servieren lassen Sie die Gurkenstreifen abtropfen und drücken diese gut aus.
7. Legen Sie die Gurken auf einem Teller aus, um danach das Eis aufzulegen; alternativ können Sie auch das Eis mit den Gurken garnieren.

Ananas küsst Basilikum

Arbeitszeit: ca. 15 Minuten

Servierfertig: ca. 5 Stunden

Portionen: 6-7

Zutaten

500 ml Ananassaft (ca. 1 große Ananas) | 80 g Puder-Zucker | 4 EL Basilikum
1 Bio-Limette

Zubereitung

1. Ananas schälen und würfeln, dann fein pürieren. Püree durch ein Haarsieb streichen.
2. Pressen Sie die Limette aus und dem Ananas-Püree beigeben. Puderzucker und 2 EL Basilikum dazu und dann fein mixen.
3. Eismasse 5-6 Stunden unter regelmäßigem verrühren durchfrieren lassen.
4. Zum Servieren mit 2-3 EL Basilikumblätter garnieren.

Winter-Eis & Weihnachts-Eis

Ganz klar, in den warmen Jahreszeiten feiert die Eiscreme Hochkonjunktur. Da beißt die Maus keinen Faden ab.

Einer Umfrage der Firma „Eismann" zufolge, gibt es ein interessantes Altersgefälle, was den Eis-Appetit in den verschiedenen Jahreszeiten betrifft:
Ab 35 Jahren scheint der winterliche Eis-Appetit zuzunehmen:

22% der über 35 jährigen geben an, auch im Winter gerne ein Eis zu essen. Von den unter 35 jährigen sind es dagegen nur 15%.
Nur 9% der über 35 jährigen schließt Eis-Konsum im Winter kategorisch aus, bei den unter 35 jährigen sind es mit 22,5% deutlich mehr.

Auch bei den bevorzugten Winter-Eis-Sorten herrscht keine Einigkeit:
Eissorten mit heißer Schokolade oder heißen Kirschen stehen vermehrt bei den über 35 jährigen hoch im Kurs.
Auch die typischen Weihnachts-Eis-Sorten, wie Lebkuchen-Eis, wird von den über 35 jährigen deutlich mehr bevorzugt.
Einigkeit herrscht darüber, dass sich vor allem die Sorten Vanille, Schokolade, Erdbeere und Stracciatella für den winterlichen Verzehr eignen.
Fast schon leidtun kann einem das Zitronen-Eis. Niemand will es bei kalten Temperaturen so recht im Eisbecher sehen - geschweige denn verzehren.

Eierlikör küsst Schokolade

Arbeitszeit: ca. 30 Minuten

Servierfertig: ca. 7-8 Stunden

Portionen: 1- 2

Zutaten

100 ml Eierlikör | 100 ml Milch | 1 Ei | 50 g feiner Zucker | 150 g Sahne
75 g Zartbitterschokolade

Zubereitung

1. Verrühren Sie das Ei und den Zucker und schlagen Sie beides im heißen Wasserbad ca. 5 Minuten auf, bis die Masse leicht eindickt.
2. Die Milch erwärmen und nach und nach in die Ei-Zucker-Masse einrühren.
3. Lassen Sie die fertige Masse im Eiswasser abkühlen.
4. Schlagen Sie die Sahne steif und unterheben (vorsichtig mischen)
5. Schokolade grob hacken und nochmal durchmischen.
6. Die fertige Masse ins Gefrierfach geben und alle 30-45 Minuten verrühren.
7. Vorgang 4,5 mal wiederholen. Beim letzten Mal Eierlikör hinzugeben, vermischen und nochmal 90 Minuten ins Gefrierfach stellen.

Extra Tipp

- Schmeckt hervorragend mit Keksen oder heißen Früchten!

Lebkuchen-Vanille-Eis

Arbeitszeit: ca. 30 Minuten

Servierfertig: ca. 7-8 Stunden

Portionen: 2-3

Zutaten

350 ml Sahne (mind. 35% Fett) | 2 EL Lebkuchengewürz | 150 ml Voll-Milch
1 Vanilleschote | 50 g feiner Zucker | 100 g gemahlene Mandeln
150 g Lebkuchen | 2 TL Bio-Zimt

Zubereitung

1. Sahne und Milch in eine Rührschüssel geben.
2. Dazu das Lebkuchengewürz, das Innere der Vanille-Schote und den Zucker bei geben.
3. Alles mit einem Handmixer verrühren.
4. Während dem Rühren die Mandel beigeben.
5. Die fertige Masse in das Eisfach stellen.
6. Für eine schöne, cremige Konsistenz alle 30-45 Minuten verrühren und dann zurück ins Eisfach stellen.
7. Nach 75% der Gefrierzeit die Lebkuchen zerbröckeln und zusammen mit dem Zimt unterrühren.
8. Nach weiteren ca. 90 Minuten ist das Eis servierfertig!

Extra Tipp

- Damit das Eis noch etwas weihnachtlicher wirkt, können Sie noch etwas Zimt oder Stern-Anis darüber streuen.

Spekulatius-Eis

Arbeitszeit: ca. 30 Minuten

Servierfertig: ca. 6-7 Stunden

Portionen: 2-3

Zutaten

300 g Spekulatius | 350 ml Sahne (mindestens 35% Fett) | 150 ml Voll-Milch
50 g feiner Zucker | 1 Packung Bio-Vanillezucker

Zubereitung

1. Füllen Sie die Sahne mit der Milch in eine Rührschüssel, geben Sie Zucker & Vanille-Zucker bei und verrühren Sie solange, bis der Zucker sich gelöst hat.
2. Nun wird der Spekulatius sehr fein zerkleinert und in die Eismasse eingerührt.
3. Eismasse in den Gefrierschrank geben und alle 30-45 Minuten gut durchrühren. Vorgang wiederholen bis das Eis nach 4-6 Stunden durchgefroren ist.

Extra Tipp

- Schmücken Sie das fertige Eis, indem Sie einen kleinen Spekulatius-Keks oben hinein stecken.

Kardamom-Sherry-Honig

Arbeitszeit: ca. 30 Minuten

Servierfertig: ca. 6-7 Stunden

Portionen: 2-3

Zutaten

Eis:

50 g Zucker | 100 g Honig, flüssig | 5 Eigelbe | 500 ml Milch | 100 g Schlagsahne
2 Mandarinen | 1 TL Zitronenschalen, abgerieben | 1 bis 1,5 Messerspitze(n) Kardamom | Orangen-Blüten-Wasser

Sherry-Soße: 100 g Honig | 1 EL Zitronensaft | 1 Rosmarinzweig | 100 ml Sherry

Deko: 3 Rosmarin-Zweige & 2 EL Kristallzucker

Zubereitung

1. Schlagen Sie die Eigelbe und den Honig in einer metallenen Schüssel zusammen schaumig. Heiße Milch wird nach und nach unter gerührt.
2. In einem Wasserbad vorsichtig „zur Rose abziehen“, bis die Masse etwas dicker, aber nicht pudding-artig wird.
3. Die Zucker-Ei Masse abkühlen. Schnell geht's in einem kalten Wasserbad oder einer Eis-Schüsseln.
4. Die Sahne steif schlagen und zusammen mit dem Kardamom, dem Abrieb der Zitrone sowie dem Orangenblüten-Wasser in die Eigelbmasse geben.
5. Eis in Behältnis füllen und 6,7 Stunden durchfrieren lassen – dabei regelmäßig umrühren, sodass sich möglichst wenig Eiskristalle bilden.
6. Als nächstes geht's an die **Sherry-Sauce**: Schälen Sie die Mandarinen, den weißen Flaum ganz entfernen. Mandarinen in Scheiben schneiden.
7. Honig, Sherry, Zitronensaft & 1 Rosmarin-Zweig kurz in 1 Topf aufkochen.
8. Mandarinenscheibchen beigeben, nun 45-60 Minuten ziehen lassen, dann Rosmarin-Zweig entfernen.
9. Die 3 Deko-Rosmarin-Zweige werden kurz nass gemacht und abgeschüttelt.
10. Kristallzucker auf einen Teller geben und die Rosmarinzweige darin wälzen. Danach 30 Minuten zum Trocknen bei Seite legen.
11. Eis 10-15 Minuten vor dem Servieren aus dem Eisfach nehmen, das Ganze hübsch auf einen Teller drapieren,
12. Sherry-Honig Sauce drübergießen, Mandarinenscheiben und gezuckerte Rosmarinzweige dekorativ platzieren. Fertig!

Amaretto-Mohn-Eis

Arbeitszeit: ca. 10 Minuten

Servierfertig: ca. 6-7 Stunden

Portionen: 2-3

Zutaten

120 ml Milch | 30 g Mohn | 275 ml Sahne | 70 g feiner Zucker
1 TL Mandel-Extrakt | 1 TL Amaretto | 1/3 TL Vanille-Extrakt

Zubereitung

1. Erhitzen Sie die Sahne, Milch, Mohn und Zucker solange, bis die Masse zu köcheln beginnt.
2. Erst vom Herd nehmen und anschließend Amaretto, Mandel- und Vanille-Extrakt unterrühren.
3. Abkühlen lassen und 120 Minuten in den Kühlschrank stellen.
4. Dann erst die fertige Masse in das Eisfach platzieren.
5. Für eine schöne, cremige Konsistenz alle 30-45 Minuten verrühren und dann zurück ins Eisfach stellen.
6. Nach 6-7 Stunden ist das Eis servierfertig!

Nussiges Apfel-Zimt-Eis

Arbeitszeit: ca. 45 Minuten

Servierfertig: ca. 6-7 Stunden

Portionen: 3-4

Zutaten

430 g Äpfel | ¾ EL Zimt, gemahlen | 1 EL Kokosöl | 1/3 TL Kardamom, gemahlen
¾ TL Ingwer, gemahlen | 1/3 TL Sternanis |1/3 TL Muskat, gemahlen
70 ml Ahornsirup | 1/3 TL Salz | ¾ Vanilleschote | 200 ml Kokosmilch
200 ml Sahne | 40 g Haselnüsse

Zubereitung

1. Schälen Sie die Äpfel und würfeln Sie diese.
2. Vanilleschote wird halbiert und das Mark herausgekratzt. Die Vanilleschoten beiseitelegen.
3. Bringen Sie das Kokosöl auf mittlerer Stufe zum Schmelzen.
4. Äpfel, Kardamom, Ingwer, Sternanis, Muskat, Salz, Ahornsirup und die Vanilleschote beigeben – 10 Minuten köcheln lassen, bis die Äpfel weich sind. Stechen Sie sie zum Test mit einem Messer an.
5. Nehmen Sie die Schote aus dem Topf und geben Sie Kokosmilch, Sahne und noch etwas Ahornsirup zu den Äpfeln.
6. Mit einem Hand- oder Stabmixer fein pürieren.
7. Masse abkühlen lassen und danach in Ihr Eisfach stellen bis es gut durchgefroren ist.
8. Heizen Sie Ihren Backofen auf 150° Grad und legen Sie ein Backblech mit Backpapier aus.
9. Rösten Sie die Haselnüsse ca. 20 Minuten, bis diese eine goldbraune Färbung aufweisen.
10. Haselnüsse schälen, hacken und kurz vor Gefrierzeit-Ende in die Eismasse einrühren.

Marzipan-Kaffee-Eis

Arbeitszeit: ca. 90 Minuten

Servierfertig: ca. 7-8 Stunden

Portionen: 5-6

Zutaten

300 ml Kondensmilch | 900 ml Bio-Sahne | 2 TL Espresso-Kaffee-Pulver
1/3 TL Mandelextrakt | 200 g Marzipan-Rohmasse | 60 g Schokodrops

Zubereitung

1. Schlagen Sie die Sahne mit der Kondensmilch, Mandelextrakt und dem Espresso-Pulver kurz auf.
2. Geben Sie die Masse für 2-3 Stunden in Ihr Eisfach (ca. 50% der Gesamtfrostzeit)
3. Raspeln Sie den Marzipan und geben Sie Marzipan und Schokodrops der Eismasse bei. Gut verrühren.
4. Eismasse erneut ins Eisfach und nochmal 2-3 Stunden durchfrieren lassen bis zum Servieren.

Mandarinen-Wintereis

Arbeitszeit: ca. 20 Minuten

Servierfertig: ca. 7-8 Stunden

Portionen: 2

Zutaten

350 ml Konditor-Sahne | 150 ml Milch | 8 Mandarinen, Saft | 100 g Zucker | Schale ½ Orange (Bio-Qualität)

Zubereitung

1. Sahne, Zucker und Milch in eine Schüssel füllen und kräftig verrühren.
2. Mandarinensaft auspressen und dazu geben.
3. Orange waschen, Schale abreiben und mit in die Schüssel geben.
4. Schüssel in das Gefrierfach geben und regelmäßig umrühren
5. Eis ist, je nach Leistungsstärke des Eisfaches nach 5-7 Stunden fertig zum Verzehr.

Zuckerstangen-Eiscreme

Arbeitszeit: ca. 15-20 Minuten

Servierfertig: ca. 7-8 Stunden

Portionen: 2

Zutaten

150 ml Vollmilch | 350 ml Konditor-Sahne | 30 g feiner Zucker | 1 TL Pfefferminzsirup | 8 Zuckerstangen | Lebensmittelfarbe, pink

Zubereitung

1. Sahne, Zucker, Pfefferminz-Sirup und Milch in eine Rührschüssel einfüllen und alles gründlich verrühren.
2. Die Zuckerstangen werden pulverisiert. Hierzu eignet sich zum Beispiel ein Fleischklopfer. 1 Stange wird nur in grobe Teile gebrochen.
3. Zuckerstangen-Pulver wird der Eismasse untergerührt.
4. Masse wird ins Eisfach gestellt und alle 30-45 Minuten verrührt.
5. Beim letzten Verrühren vorm Verzehr die Lebensmittelfarbe via Holzlöffel unterrühren.
6. Vorm Verzehr die zerbrochene Zuckerstange darüber streuen für tollen Crunch-Effekt.

Adventsnuss-Eis mit Krokant

Arbeitszeit: ca. 30 Minuten

Servierfertig: ca. 6-7 Stunden

Portionen: 6

Zutaten

200 g Haselnüsse | 400 ml Schlagsahne | 100 g feiner Zucker | 3 Eigelb, mittlere Größe | 3 EL Weinbrand | ½ TL Butter

Zubereitung

1. Zerhacken Sie die Haselnuss-Kerne und rösten Sie sie in einer Pfanne.
2. 100g der Nüsse mit 100 ml Schlagsahne, 40 g Zucker, Weinbrand und Eigelb verrühren.
3. Schlagen Sie die Masse über einem Wasserbad zu einer cremigen Masse. Anschließend aus dem Wasserbad nehmen und kalt schlagen.
4. Restliche Sahne steif schlagen und dann unterschlagen.
5. Eismasse in 1 Form geben und mehrere Stunden in das Eisfach stellen.
6. Die restlichen Nüsse werden mit Zucker und Butter zu Krokant geröstet und während der Abkühlphase mit Gabel oder Löffel zerkleinert.
7. Vor dem Servieren das Eis dekorativ mit Krokant bestreuen.

Specials und Schlemmer Eis

In diese Rubrik haben wir sämtliche Eis-Rezepte hinein geworfen, die nicht so recht in eine andere Kategorie passen wollten. Entweder sehr ausgefallen, oder etwas sehr gewagt im Geschmack, ist der Verzehr diese Eiscremes absolut auf eigene Gefahr!
☺

Kekscreme ala Oreo

Arbeitszeit: ca. 10 Minuten

Servierfertig: ca. 5-6 Stunden

Portionen: 4-6

Zutaten

200 ml Voll-Milch | Vanille – Extrakt | 800 g gezuckerte Kondensmilch
1 Messerspitze Salz | 1.000 ml Schlagsahne 15-20 Schoko-Kekse
(am besten die Originalen Oreos) zerkrümelt

Zubereitung

1. Verrühren Sie die Milch, Vanille-Extrakt, Kondensmilch und Salz in einer Schüssel.
2. Sahne steif schlagen und vorsichtig untermischen unter die Milchmasse.
3. Nun die zerkrümelten Schoko-Kekse unterheben.
4. Die gesamte Masse kommt nun in eine Schüssel und wird in ins Gefrierfach, bzw. in die Gefriertruhe gelegt.
5. Rühren Sie alle 45 Minuten um, nach 4,5 Stunden ist das Eis verzehrfertig.

Ube – violettes Asia-Wunder-Eis

Arbeitszeit: ca. 15-20 Minuten

Servierfertig: ca. 5-6 Stunden

Portionen: 3-4

Zutaten

3-4 Ube Wurzeln aus dem Asia-Markt | 200 ml Kokosmilch ohne Zusatzstoffe
1 EL möglichst flüssigen Honig

Zubereitung

1. Schneiden Sie die Ube-Wurzeln in kleine Stücke und kochen Sie sie, bis die Wurzeln weich sind.
2. .Abkühlen lassen, schälen und dann mit Löffeln oder Gabel zerstampfen.
3. Geben Sie dem Ube-Mus Kokosmilch und Honig bei und vermischen Sie gründlich die Masse.
4. Eismasse einfrieren, alle 30-60 Minuten gut verrühren.
5. Nach 4-6 Stunden ist das Eis verzehrfertig

Extra Tipp

- Die Ube-Wurzel (auch Yams-Wurzel genannt) gibt dem Eis, neben seinem einzigartigen Geschmack eine tief-violette Färbung. Ein richtiger Hingucker!

Kaffee-Creme-Eis

Arbeitszeit: ca. 10 Minuten

Servierfertig: ca. 5-6 Stunden

Portionen: 2

Zutaten

100 g feiner Zucker | 2 Becher fertig gekochter Kaffee | 200 g Sahne
1 Tüte/ Vanillezucker | 2 Ei(er), separat aufbewahren

Zubereitung

1. Aus dem Zucker kochen Sie einen hellbraunen Karamel (siehe Info) und löschen mit dem Kaffee ab.
2. Kochen Sie den Kaffee auf 125 ml ein und füllen Sie Ihn mit Sahne auf
3. Im Kühlschrank lagern
4. Eigelbe werden mit dem Vanillezucker aufgeschlagen bis zur cremigen Konsistenz und dann in die Kaffeesahne eingerührt.
5. Die beiden Eiweiße werden steif geschlagen und unterhoben.
6. Alles zusammen ins Gefrierfach, und alle 45 Minuten kräftig verrühren und wieder einfrieren.
7. Verrühren mehrmals wiederholen und das Eis nach 5-6 Stunden servieren.

Extra Tipp

- Karamellisieren: Den Zucker gleichmäßig und dünn in eine Pfanne streuen (komplett fettfrei). Nicht umrühren, sondern nur die Pfanne hin und her schieben. Sonst erwärmt sich der Zucker ungleichmäßig, kann anbrennen und schmeckt nicht mehr. Sobald der Zucker eine hellbraune/goldbraune Farbe annimmt, nehmen Sie die Pfanne vom Herd. Wird der Zucker zu dunkelbraun, schmeckt er bitterer.

Limettenkeks-Eis

Arbeitszeit: ca. 20 Minuten

Servierfertig: ca. 7-8 Stunden

Portionen: 2-3

Zutaten

120 g feiner Zucker | 70 g gehackte Kekse oder Vollkornkekse | 30 g Speisestärke
1 MS Natursalz | 600 ml Milch | 1 Eigelb | 1 TL Limettenschale | 100 ml Limettensaft | 120 ml Sahne

Zubereitung

1. Geben Sie Zucker, Salz und die Speisestärke in einen Kochtopf, um danach langsam die Sahne und Milch beizurühren; solange bis die Flüssigkeit leicht eingedickt ist.
2. Nehmen Sie den Topf von der Herdplatte.
3. Verrühren Sie das Eigelb leicht und geben Sie nun ungefähr 150 g der erhitzten Eismasse hinzu. Gut verrühren!
4. Nun kann Beides unter kontinuierlichem Rühren zusammengeschüttet werden.
5. Die Eismasse wird durch ein feines Sieb in eine Schüssel gegeben.
6. 1 Std abkühlen lassen, mehrmals umrühren.
7. Die Eismasse ins Gefrierfach geben und alle 45-60 Minuten gut verrühren; danach wieder ins Eisfach stellen.
8. Das Eis ist nach 7-8 Std im Gefrierfach, bzw. der Eistruhe verzehrfertig.

Vanille-Salz-Schoko-Eis

Arbeitszeit: ca. 20 Minuten

Servierfertig: ca. 7-8 Stunden

Portionen: 2-3

Zutaten

200 g feiner weißer Zucker | 700 ml Vollmilch | 100 g Sahne | 5 Eigelbe | 50 g Butter | 1 TL grobes Natursalz | Vanille | 100 g Schokolade nach eigener Vorliebe

Zubereitung

1. Karamellisieren: Verteilen Sie 100 g Zucker auf dem Kochtopf-Boden und erhitzen Sie ihn bei starker Hitze ohne umzurühren, solange, bis sich der Zucker hellbraun verfärbt, bzw. karamellisiert. Kochtopf vom Herd nehmen.
2. Geben Sie unter umrühren das Salz und die Butter hinzu.
3. Geben Sie die Sahne, Vanille und die Milch hinzu.
4. Platzieren Sie nun den Topf wieder auf dem Herd & erhitzen die Eismasse unter permanentem Verrühren.
5. Der restliche Zucker & die Eigelbe werden zu einer cremigen Masse geschlagen und unter ständigem Rühren werden ca. 10 EL des karamellisierten Zuckers beigegeben.
6. Geben Sie die unter 5. angerührte Zucker-Eigelb-Masse in den bereits gut gefüllten Karamell-Kochtopf. Unter Rühren ca. 10 Minuten aufkochen, bis die Masse mehr Dickflüssigkeit erreicht.
7. Schüssel 2 Stunden kalt stellen.
8. Hacken Sie die Schokolade grob in Stückchen. Geben Sie jene zur Eismasse hinzu und rühren Sie vorsichtig um.
9. Stellen Sie die Masse mehrere Stunden ins Gefrierfach, in den ersten 3-4 Stunden jeweils stündlich gut verrühren.

Eistee-Eis

Arbeitszeit: ca. 10 Minuten

Servierfertig: ca. 4-6 Stunden

Portionen: 2-3

Zutaten

200 ml Pfirsich-Roibusch Tee | 100 ml O-Saft | 100 ml Pfirsich-Nektar | 25 ml Zitronensaft

Zubereitung

1. Den gekochten Früchtetee abkühlen lassen und dann mit dem Orangensaft und dem Pfirsich-Nektar vermischen.
2. Nach Bedarf noch etwas Zitronensaft und Süße beigeben
3. Eismasse in Ihr Eisfach legen und 6-8 Stunden durchfrieren lassen; alle 45 Minuten verrühren.

Coca-Cola Creme-Eis

Arbeitszeit: ca. 10 Minuten

Servierfertig: ca. 6-8 Stunden

Portionen: 6

Zutaten

300 ml Schlagsahne | 150 ml Coca Cola | 140 ml Milch | 2-3 TL Vanille-Extrakt

Zubereitung

1. Verrühren Sie die Sahne mit dem Vanille-Extrakt.
2. Nun unter permanentem Rühren die Milch beigeben.
3. Jetzt die Cola unterrühren.
4. Eis in eine große Schüssel einfüllen und 6-8 Stunden im Froster durchfrieren lassen.
5. Alle 45-60 Minuten verrühren, um Eiskristallbildung zu minimieren.

After-Eight-Cremeeis

Arbeitszeit: ca. 15 Minuten

Servierfertig: ca. 7.8 Stunden

Portionen: 2

Zutaten

80 g feiner Zucker | 150 ml Milch | 75 g Creme double | 8 Minzblätter
8 Tafeln After Eight | 2 Tropfen Lebensmittelfarbe, grün

Zubereitung

1. Eier und Zucker mit Handmixer cremig rühren.
2. Erhitzen Sie Milch und Creme double in einem Topf, aber nicht zum Kochen bringen.
3. Geben Sie unter permanentem Rühren die Zucker-Ei Masse bei.
4. Füllen Sie die Masse von einem Topf in eine Schüssel. Reinigen Sie den Topf. Dies verhindert ein Ansetzen am Topfboden.
5. Jetzt wird die Masse wieder in den Topf gegeben. Mit kleiner Flamme zum köcheln bringen. Permanent rühren, bis die Eismasse eingedickt ist.
6. Nehmen Sie den Topf vom Herd und rühren Sie die klein gehackten Minzblätter unter.
7. Stellen Sie den Topf zur Seite und lassen Sie ihn mindestens 2 Stunden abkühlen, Danach die Eismasse durch ein Sieb streichen um die Minzblätter zu entfernen. Bei Bedarf Lebensmittelfarbe unterrühren.
8. Nun die Eismasse in eine Kuchen- oder Silikonform einfüllen und 6-8 durchfrieren lassen. Alle 45-60 Minuten gründlich durchrühren. Beim letzten Umrühren die zu Stückchen geschnittenen After Eight Plättchen dazu geben.
9. 45 Minuten später servieren.

Grafschafter-Schlemm-Eis

Arbeitszeit: ca. 10 Minuten

Verzehrfertig: ca. 6-8 Stunden

Portionen: 3-4

Zutaten

150 g Grafschafter Zuckerrübensirup (natürlich geht auch andere Marke) | 300 ml Vollmilch | 300 ml Bio-Sahne | 4 Eigelb

Zubereitung

1. Erwärmen Sie den Zuckerrüben-Sirup in einer beschichteten Pfanne, nicht aufkochen!
2. Schlagen Sie die Eier schaumig & dann die Milch untermischen.
3. Milch-Eimasse vorsichtig unter den Zuckerrüben-Sirup rühren. Dann abkühlen lassen.
4. Schlagen Sie die Sahne steif und unter die nun abgekühlte Masse unterrühren.
5. Eismasse nun ins Gefrierfach legen und stündlich gründlich umrühren, um Eiskristall-Bildung zu minimieren.
6. Vor dem Servieren noch etwas Zuckerrübensirup über das Eis verteilen.

Eisbecher de Luxe

Arbeitszeit: ca. 20-25 Minuten

Verzehrfertig: ca. 6-8 Stunden

Portionen: 2-3

Zutaten

4 Bananen, reif | 10 Kaffee-Bohnen | ½ TL Bio-Espressopulver | 200 g Schmand | 1 Mango, reif | 4 Datteln, möglichst saftig | 100 g Himbeeren

Zubereitung

1. Die Bananen in kleine Scheiben schneiden und 6.7 Stunden durchfrieren lassen im Eisfach.
2. Hacken Sie die 10 Kaffeebohnen klein.
3. Kaffeebohnen, Bananen, Espressopulver und Schmand cremig pürieren, dann ca. 60 Minuten einfrieren.
4. Schälen Sie die Mango, schneiden Sie das Fruchtfleisch in Würfel. Die Datteln in Streifen schneiden, die Himbeeren verlesen.
5. Das Eis mit der Fruchtmischung in hohe Eis-Dessert-Gläser schichten und servieren.

Safrancreme-Eis

Arbeitszeit: ca. 60 Minuten

Verzehrfertig: ca. 6,7 Stunden

Portionen: 3-4

Zutaten

250 ml Vollmilch | Vanilleschote, halbe | 250 ml Schlagsahne
40-50 g feiner Zucker | ½ TL Safranfäden | 6 Eigelb

Zubereitung

1. Safran, Vanillemark, Vanilleschote, Vollmilch, Zucker und Sahne werden zusammen aufgekocht.
2. Leckere Mischung 60 Minuten ziehen lassen.
3. Nun die Mischung durch ein feines Sieb geben und mit dem Eigelb in einen Schlagkessel fließen lassen.
4. Gut verrühren und bis zur Rose abziehen.
5. Erneut die Mischung durch einen Sieb in einen anderen Topf fließen & abkühlen lassen.
6. Eismasse im Eisfach 6-8 Stunden durchfrieren lassen und mindestens 1 mal stündlich gut verrühren.

Extra Tipp

- Safraneis harmoniert gut mit Erdbeer-Sauce.

Info

- Der Geschmack von Safran ist einzigartig aromatisch. Ein Safraneis eignet sich für ganz besondere Anlässe.

Frozen Joghurt

Der Hauptunterschied zwischen Speise-Eis und Frozen Joghurt besteht darin, dass der Frozen Joghurt – klassisch serviert – mit Magermilch oder Magerjoghurt ausgestattet ist. Frozen Joghurt aus dem Supermarkt oder der Eisdiele hat häufig einen hohen Zuckergehalt, sodass man dann nicht mehr von einer sehr gesunden Mahlzeit sprechen kann. Wer auf seine Gesundheit achtet, nimmt beim Frozen Joghurt wenig oder gar keinen Zucker und verzichtet auch auf Toppings, die meistens sehr zucker- und kalorienlastig sind.

Sie finden auf den folgenden Seiten sehr gesunde, als auch einfach sehr leckere, zuckerhaltige Frozen Joghurt-Rezepte. Es obliegt Ihnen, die Rezepte leicht zu modifizieren, sodass Sie in Ihren aktuellen Ernährungsplan reinpassen.

Laktosefreies Blitz-Joghurt-Eis

Arbeitszeit: ca. 5-10 Minuten

Servierfertig: ca. 5-6 Stunden

Portionen: 2-3

Zutaten

500 g laktosefreier Mager-Joghurt | 50-60 g Puderzucker | 10 g Vanillezucker
3 x Eiweiß

Zubereitung

1. Schlagen Sie das Eiweiß steif und rühren Sie Puderzucker und Vanille unter.
2. Nun wird der Joghurt untergehoben.
3. Nun geht's schon gleich ins Eisfach; alle 30-45 Minuten umrühren und nach 5-6 Stunden servieren.

Kokos getoppter Frozen Joghurt

Arbeitszeit: ca. 10 Minuten

Servierfertig: ca. 6 Stunden

Portionen: 1- 2

Zutaten

350 g Mager- Joghurt | 3 EL Quark | 20 g Vanillezucker | 60 g feiner Zucker | 75 – 100 g Raffaello Konfekt | Sahne

Zubereitung

1. Joghurt mit Vanille-Zucker und Quark mischen & für 5-6 Stunden in den Gefrierschrank stellen.
2. Gelegentlich umrühren – ca. alle 30-45 Minuten.
3. Kokoscreme: das Raffaello-Konfekt wird mit Sahne püriert. Sahne-Menge je nach gewünschter Konsistenz.
4. Raffaello-Kokoscreme über die fertig gefrorene Eismasse gießen und servieren.

Gefrorener Käsekuchen Joghurt

Arbeitszeit: ca. 25 Minuten

Servierfertig: ca. 6-7 Stunden

Portionen: 3-4

Zutaten

70 g Frischkäse | ½ TL Vanille-Extrakt | 1/8 Limette – Saft auspressen oder Limettensaft verwenden | 250 g griechischer Joghurt | 100 ml Kondensmilch Vollkorn-Kekse

Zubereitung

1. Rühren Sie den Joghurt, den Frischkäse und die Kondensmilch cremig.
2. Limetten-Saft und Vanille-Extrakt werden unter gerührt.
3. Die Joghurt-Eismasse ins Gefrierfach legen und innerhalb der 6,7 stündigen Gefrierzeit mehrmals gründlich verrühren und dann servieren.

Joghurt-Pistazien-Splitter

Arbeitszeit: ca. 5-10 Minuten

Servierfertig: ca. 5 Stunden

Portionen: 2

Zutaten

600 g Mager-Milch Joghurt | 2 Hand voll Pistazien (ohne Salz)
4-5 TL | Zucker nach Belieben | 4 TL Matcha-Pulver | 2 TL Vanille-Extrakt

Zubereitung

1. Verwenden Sie ein Backblech (mit Backpapier auslegen) oder eine Auflaufform für Ihr Gefrierfach.
2. Hacken Sie die Pistazien grob auseinander.
3. Die anderen Zutaten werden miteinander verrührt und die Masse nun auf dem Backblech ausgestrichen.
4. Mit den Pistazien bestreuen und 4-5 Stunden einfrieren.
5. Brechen Sie den Matcha-Pistazien-Joghurt in grobe Bruchstücke und servieren Sie sofort.

Hot Summer Cool-Down Joghurt

Arbeitszeit: ca. 10 Minuten

Servierfertig: ca. 5-6 Stunden

Portionen: 3

Zutaten

650 ml Mager-Milch Joghurt | Puderzucker nach Belieben | 200 ml Bio-Sahne | Saft einer kleinen Zitrone | 1 Päckchen Vanillezucker
1 Duzend Erdbeeren

Zubereitung

1. Erdbeeren abwaschen und dann pürieren.
2. Verrühren Sie den Joghurt, die Erdbeeren, Puderzucker, Vanillezucker und den Zitronen-saft.
3. Sahne steif schlagen. Geschlagene Sahne wird unter die Joghurtcreme gehoben.
4. Joghurt-Eis Masse einfrieren und alle 30-45 Minuten verrühren. Einfrieren, bis Sie mit der Konsistenz zufrieden sind.

Frozen Mascarpone mit Knister-Glasur

Arbeitszeit: ca. 15 Minuten

Servierfertig: ca. 5-6 Stunden

Portionen: 4

Zutaten

1000 g Naturjoghurt | 170 g Kondensmilch (gesüßt) | 250 g Mascarpone
Saft einer ½ Zitrone | 200 g Zartbitter Schokolade | 25 g Kokosöl |
Knister Crispies (ua. Auf Amazon erhältlich)

Zubereitung

1. Die Mascarpone wird mit der Kondensmilch & dem Zitronensaft verrührt. Rühren Sie, bis sich eine cremige Masse gebildet hat.
2. Der Joghurt wird untergerührt.
3. Die Masse in eine Plastikschüssel füllen, 5-6 Stunden ins Gefrierfach stellen und alle halbe Stunde gründlich durchrühren.
4. Für die Glasur: Die Zartbitterschokolade wird mit dem Kokosfett zusammen über einem heißen Wasserbad geschmolzen. Hierzu vorher die Schokolade klein bröckeln oder hacken, das spart etwas Zeit beim Schmelzen.
5. Gießen Sie die Glasur auf das Eis und geben Sie danach die Knister Crispies auf die Glasur. Da die Glasur sehr schnell hart wird, dies in einem Vorgang erledigen, sonst bleiben die Knister Crispies nicht auf der Schokolade haften.

Frozen Himbeer-Joghurt Bites

Arbeitszeit: ca. 10 Minuten

Servierfertig: ca. 6-8 Stunden

Portionen: ca. 10-20 Stück, je nach verwendeter Silikonform

Zutaten

100 g Himbeeren | 250 g Vanille-Joghurt | Spritzbeutel
Silikon Pralinen-Form

Zubereitung

1. Himbeeren mit einem Pürierstab fein pürieren.
2. Schlierenartig die pürierten Himbeeren unten den Joghurt rühren und alles in einen Spritzbeutel füllen.
3. Silikonform mit Joghurt auffüllen und dann die Oberfläche glatt streichen.
4. Silikonform 6-8 Stunden ins Gefrierfach stellen und durchfrieren lassen.

Info+Extra-Tipp

- Joghurt Bites sind eine Abwandlung zum herkömmlichen Frozen Joghurt. Hier wird die Füllmasse in Silikonförmchen, z.B. Silikonpralinen- oder Silikongummibärchen-Förmchen eingefüllt. So kann man dann leckere, kleine Häppchen servieren, z.B. zum Tee, Kaffee.
- Sehr lecker lassen sich Frozen Joghurt Bites Rezepte mit Nuss-Splitter ergänzen. Die „FroYo Bites“ schmecken am besten, wenn man sie 10-20 Minuten antauen lässt vor dem Servieren.

Schoko-Cornflakes-Bites

Arbeitszeit: ca. 15 Minuten

Servierfertig: ca. 5-6 Stunden

Portionen: ca. 10-20 Stück, je nach verwendeter Silikonform

Zutaten

60 g Schoko-Puffreis, zerkrümelt | 60 g Cornflakes, zerkleinert | 2 EL Kokosblütenzucker | 2 EL Kokosnussöl (flüssig) | 300 g Naturjoghurt 2 EL Honig | 5-6 Erdbeeren | 5-6 Himbeeren | Pralinen- oder Guglhupf Silikonform

Zubereitung

1. Cornflakes und Puffreis mit dem Kokosöl in einer Schüssel verrühren.
2. Die geputzten Him- und Erdbeeren in kleine Scheiben schneiden. Jeweils alle Förmchen ganz wenig mit den Beeren auffüllen.
3. Honig mit Joghurt cremig rühren und als 2. Füllung in die Förmchen geben.
4. Für den Boden bestreichen Sie den eingefüllten Joghurt mit der Cornflakes-, Puffreis-, Kokosöl-Mischung.
5. Nach 5-6 Stunden im Eisfach sind die Frozen Joghurt Bites fertig durchgefroren.

Blaubeer-Zitrone-Bites

Arbeitszeit: ca. 10 Minuten

Servierfertig: ca. 5-6 Stunden

Portionen: ca. 10-20 Stück, je nach verwendeter Silikonform

Zutaten

250 g Naturjoghurt | 2-3 TL Puderzucker | 0,5 TL Vanille-Extrakt
halbe Bio-Zitronen | 100 g Blaubeeren | Silikonform

Zubereitung

1. Zitronenabrieb mit einer Reibe erzeugen.
2. Puderzucker, Joghurt, Vanilleextrakt, Zitronenabrieb mit Pürierstab verrühren. Einen Spritzer Zitronensaft mit reinmischen. Alternativ fertigen Bio-Zitronensaft verwenden.
3. Joghurt in Ihre Silikonform einfüllen und jeweils 1 Blaubeere mit rein drücken.

Veganer Multi Mix Bites

Arbeitszeit: ca. 15 Minuten

Servierfertig: ca. 6-8 Stunden

Portionen: ca. 12 (Muffin-Förmchen)

Zutaten

Müsli-Boden:
50 g feiner Zucker | 75 g Kokosöl | 30 g Cashew-Kerne (geröstet, gehackt)
50 g Hirseflocken | 20 g Quinoa, gepufft | Vanilleschote, Mark

Joghurt:
750 g Naturjoghurt | Handvoll Beeren | 4 TL feiner Zucker | ½ Bio-Zitrone,
Schale & Saft

Zubereitung

1. Legen Sie ein Muffin-Blech mit Muffin-Förmchen aus.

Müsli-Boden

2. Gepuffter Quinoa, Hirseflocken, gehackte Cashewkerne, Vanilleschotenmark, Prise Salz und feinen Zucker vermischen.
3. Gießen Sie das flüssige Kokos-Öl darüber und gut durch- und zusammenkneten, sodass die einzelnen Zutaten gut zusammengeklebt sind.
4. Jeweils 1 EL der Joghurtmasse in 1 Muffinförmchen geben und plan drücken, sodass sich ein gerader Boden bildet.
5. Stellen Sie die Förmchen für 15 Minuten kalt.

Joghurt-Masse

6. Pürieren Sie die handvoll Früchte und verrühren Sie sie mit dem Joghurt.
7. Unterrühren des Zitronen-Abriebs und nach Belieben Zitronensaft beigeben; gut verrühren.
8. Nun die Joghurt-Masse als 2. Schicht auf die Müsli-Schicht anbringen.
9. Förmchen nicht ganz voll machen.
10. Drücken Sie noch jeweils 1,2 Beeren hinein.
11. Bites-Häppchen gut durchfrieren lassen und nach 10-20 Minuten genießen.

Parfait – keine Zeit zum umrühren!

Das Parfait ist – lapidar gesprochen – ein wenig das Gegenteil einer gesunden Nicecream und weist darüber hinaus eine gewisse Faulpelz-Kompatibilität auf. Das Grundprinzip des Eis-Parfait ist, dass es auch ohne ständiges Umrühren während des Gefrierprozesses schön cremig wird und sich fast keine Eiskristalle bilden.

Für dieses erwünschte Endergebnis werden dem Parfait meistens alle 3 folgende Zutaten beigegeben: Sahne, Zucker, Ei.

Sie haben keine Eismaschine und sind auch nicht übermäßig motiviert Ihre Eismasse alle 30,40 Minuten umzurühren? Dann ist das Parfait Ihr Eis!

Honigpistazien-Eis

Arbeitszeit: ca. 20 Minuten

Servierfertig: 24 Stunden

Portionen: 4

Zutaten

400 g Sahne | 100 g Pistazien | 3 EL Puderzucker | 4 Eigelb | 150 g Honig
1 Mark einer Vanilleschote | Öl

Zubereitung

1. Pistazien grob hacken und dann in einer Pfanne mit Fett erhitzen.
2. Puderzucker gleichmäßig bestäuben und leicht karamellisieren lassen.
3. Auf einem Teller abkühlen lassen.
4. Honig, Eigelbe, Ei und Vanille in 1 Metall-Schüssel in einem Wasserbad dickschaumig schlagen. Die Masse im eiskalten Wasserbad kalt schlagen. Die Sahne halbsteif schlagen und nun die karamellisierten Pistazien unter den Eierschaum unter heben.
5. Eine passende Form, z.B. eine Kastenkuchenform mit einem geschmacksneutralen Öl wie Rapsöl bepinseln und Backpapier auslegen. Darin die Eismasse verteilen und erneut mit Backpapier bedecken.
6. 24 Stunden im Tiefkühlfach gefrieren lassen.
7. Das Eis wird – mit Hilfe des Backpapiers – aus der Form gestürzt. Backpapier entfernen!
8. Eis in Scheiben schneiden und servieren!

Kürbiskern-Vanille-Parfait

Arbeitszeit: ca. 20-25 Minuten

Servierfertig: ca. 6-8 Stunden

Portionen: 3-4

Zutaten

500 ml Schlagsahne | 6 cl Kürbiskern-Öl | 1 Vanille-Schote | 150 g Zucker
4 Eigelb

Zubereitung

1. 500 ml Sahne steif schlagen und im Kühlschrank deponieren.
2. Wasserbadeinsatz in einen mit Wasser gefüllten Topf setzen.
3. Das Wasser soll sehr heiß werden, aber nicht kochen.
4. Zucker mit Vanille vermischen -> den fertigen Vanillezucker mit den Eigelben und dem Kürbiskernöl einige Minuten im heißen Wasserbad aufschlagen, bis sich eine sämige Masse gebildet hat.
5. Am Ende wird die Zucker-Ei-Kürbiskernöl-Masse mit der steif geschlagenen Sahne vermengt und in eine Kastenform eingefüllt.
6. Abgedeckt mit Frischhalte-Folie ins Gefrierfach stellen und mindestens 6 Stunden durchfrieren lassen.

Cremiges Mohn-Parfait

Arbeitszeit: ca. 30 Minuten

Servierfertig: ca. 6-8 Stunden

Portionen: 4

Zutaten

250 ml Schlagsahne | 60 g Mohn | 2 Eier | 75 g Zucker | 1 Messerspitze Salz
1 Messerspitze Zimt | ½ bis 1 TL Rum

Zubereitung

1. Zucker, Eier, Zimt & Salz werden schaumig gerührt.
2. Die Sahne sehr steif schlagen.
3. Die entstandene Eiercreme, den Mohn und Rum gründlich mit der Sahne vermischen.
4. Eine kleine Kastenform wird mit Frischhaltefolie oder Backpapier ausgelegt, dabei die Folie über den Rand hinaus ragen lassen.
5. Die Eismasse wird in die Form eingefüllt, mit der Folie abgedeckt und für mindestens 6 Stunden im Eisfach durchfrieren lassen.
6. Eismasse aus der Form stürzen und die Folie entfernen.
7. Parfait in Scheiben schneiden und servieren.

Vanille-Erdbeer-Parfait

Arbeitszeit: ca. 30 Minuten

Servierfertig: ca. 12 Stunden

Portionen: 6

Zutaten

120 g Zucker | 4 Eigelb | 1 Vanilleschote | 320 ml Sahne (35% Fett) | 500 g Erdbeeren | 1 EL Zitronen-Saft | Salz | 1 Stiel Basilikum

Zubereitung

1. Vanille-Schote längs einritzen, um das Mark herauszukratzen. Vanilleschote, Vanillemark, 50 ml Wasser, 100 g Zucker, 1 Minute aufkochen lassen.
2. Eigelbe mit 1 Messerspitze Salz und dem Vanillesirup in einem Schlagkessel über einem heißen Wasser-Bad (leicht köchelnd) mit Handmixer oder Schneebesen cremig schlagen. Nun die Vanilleschote entfernen und die Creme in Eiswasser kalt schlagen.
3. Sahne wird steif geschlagen und wird untergehoben.
4. Eine Kastenform mit 25-30 cm wird fein mit einem neutralen Öl, wie z.B. Rapsöl, ausgepinselt. Nun legen Sie eine Klarsichtfolie aus.
5. Parfait Masse wird eingefüllt und die Masse nochmal mit der Klarsichtfolie abgedeckt.
6. Mindestens 12 Stunden im Eisfach durchfrieren lassen.
7. 20 Minuten vor dem Servieren das Parfait aus dem Eisfach nehmen, Klarsichtfolie entfernen und auf einen Teller bzw. Platte stürzen. Untere Klarsichtfolie abnehmen.
8. Putzen Sie die Erdbeeren und halbieren Sie die Hälfte der Früchte. Die andere Hälfte mit restlichem Zucker und Zitronensaft pürieren. Erdbeeren unterheben und die Erdbeer-Sauce gleichmäßig auf dem Parfait verteilen.
9. Abschließend mit den Basilikum-Blättern dekorieren und das Parfait servieren.

Extra Tipp

- Statt Klarsicht-Folie können Sie auch einen aufgeschnittenen Gefrierbeutel verwenden. Diese sind reißfester.

Tofu-Holunderblütenparfait

Arbeitszeit: ca. 35-45 Minuten

Servierfertig: ca. 12 Stunden

Portionen: 8

Zutaten

2 Eier | 3 Eigelb |200 ml Holunderblütensirup | Mark einer Vanilleschote
200 g Seiden-Tofu | 200 g Sahne | 500 g Weintrauben (Hälfte blau, Hälfte grün)
2 EL frisch gepresster Zitronensaft | 1 EL Speisestärke | 40 g Pistazienkerne

Zubereitung

1. Die Eigelbe, die Eier und 100 ml Holunderblütensirup werden in 1 Metall-Schüssel über einem heißen Wasserbad mit dem Schneebesen dick-cremig geschlagen. Die Masse abkühlen lassen, bis Sie nur noch warm ist.
2. Den Tofu unterziehen.
3. Sahne steif schlagen und vorsichtig unterheben.
4. Kastenform mit Folie auslegen, Masse einfüllen und 12 Stunden gefrieren lassen.
5. Trauben waschen, halbieren und bei Bedarf entkernen. Restlicher Sirup mit 80 ml Wasser und mit Zitronensaft mischen und aufkochen. 6 EL Wasser mit Speisestärke verrühren, unter den Sirup rühren. Kurz aufkochen lassen.
6. Vom Herd nehmen, Trauben beigeben und das Kompott abkühlen lassen.
7. Parfait aus der Form heraus stürzen, beide Folien entfernen.
8. Parfait in Scheiben schneiden, mit dem Kompott garnieren und abschließend mit den gehackten Pistazien dekorieren.

Granatapfel-Zimt-Parfait

Arbeitszeit: ca. 10-15 Minuten

Servierfertig: ca. 6-8 Stunden

Portionen: 6

Zutaten

100 g Zucker | 5 Eigelb | 400 g Sahne | 1 Packung Vanillezucker | 2 EL Zimt
1 Handvoll Granatapfelkerne | 1 Handvoll gehackte Mandeln

Zubereitung

1. Eigelbe werden mit Zucker und Vanillezucker in einer Rührschüssel schön schaumig geschlagen.
2. Sahne und Zimt werden in einer 2. Schüssel steif geschlagen & unter die Zucker-Eigelb Masse geschlagen.
3. Legen Sie eine Kastenform mit Klarsichtfolie oder einem aufgeschnittenem Gefrierbeutel aus und füllen Sie die Eismasse hinein.
4. Lassen Sie das Parfait 6-8 Stunden im Gefrierfach durchfrieren.
5. Parfait 15 Minuten vor dem Servieren aus dem Gefrierfach holen, aus der Form stürzen und mit Granatapfelkernen und den gehackten Mandeln garnieren.

Marzipan-Rumpflaume

Arbeitszeit: ca. 30 Minuten

Servierfertig: ca. 6-8 Stunden

Portionen: 4

Zutaten

250 g Bio-Schlagsahne | 75 g Marzipan (Rohmasse) | ¼ Vanille-Schote
15-20 g Mohn, gemahlen | 360 ml Pflaumen aus dem Glas | ½ Stange Zimt
½ Bio-Zitrone | 1 Gewürznelke | ¼ Packung Vanillesoßen-Pulver | 2 EL Rum
2 frische Eier | 2 EL Zucker

Zubereitung

1. Am Vortag den Marzipan grob raspeln und die Vanilleschote längs aufschneiden, das Mark herauskratzen. Sahne, Schote und Mark im Topf erhitzen. Als erstes wird der Mohn eingerührt, dann Marzipan unterrühren. Dann die Sahne 90-120 Minuten kalt stellen.
2. Pflaumen abgießen, Saft in einem Gefäß auffangen. Nun Zitronenabrieb, Saft, Zimt, Nelken in einem Topf aufkochen. Vanillesoßenpulver und den Rum glatt verrühren und dann in den Pflaumensaft einrühren, aufkochen und ca. 1 Minute köcheln. Pflaumen beifügen und auskühlen lassen.
3. Nun für das Eis-Parfait die Eier trennen. Schlagen Sie die Eiweiße steif. 1 EL Zucker beigeben beim steif schlagen. Eigelb mit 3 EL feiner Zucker rühren bis zu einer cremigen Konsistenz. Entfernen Sie die Vanilleschote aus der Marzipan Soße. Sahne wird behutsam unter die Eigelb-Creme gerührt. Der Eischnee wird unterhoben. Gesamte Masse in 1 Frisch-Haltedose geben und 6-8 Stunden durchfrieren lassen.
4. Sobald das Parfait gut durchgefroren ist, stellen Sie es zum Antauen heraus. Nun nehmen Sie die Gewürze und die Zitronenschale aus den Rumpflaumen.
5. Formen Sie mit einem Eis-Portionierer schöne Eiskugeln und richten Sie das Parfait mit den Rumpflaumen an.

Caipirinha Parfait

Arbeitszeit: ca. 25 Minuten

Servierfertig: ca. 6-8 Stunden

Portionen: 5

Zutaten

1 Ei | 1 Prise Salz | 30 g feiner Zucker | 1 Limette | 1 EL Bio-Rohrzucker
150 ml Sahne | 1 ½ EL Zitronenmelisse | 1 ½ EL Limettensaft | 1 -2 EL Cachaca

Zubereitung

1. Schlagen Sie das Ei, den Zucker und das Salz über heißem Dampf, bis eine cremige Konsistenz der Masse entstanden ist. Danach im kalten Wasserbad abkühlen & dazwischen immer wieder kräftig durchrühren.
2. Von den Limetten die Schale abreiben; die restliche Schale wird mit einem sehr scharfen Messer weg geschnitten und entsorgt. Schneiden Sie die Limettenfilets zwischen den Trennhäuten heraus und fangen Sie dabei den Saft auf. Die Häute der Limette werden durch ein Sieb gedrückt, sodass der Restsaft heraus gedrückt wird.
   Schneiden Sie die Limettenstücke in kleine Stückchen und marinieren Sie diese mit dem Rohrzucker.
3. Hacken Sie die Melisse ganz fein und schlagen Sie die Sahne steif.
4. In die nun kühle Eiermasse die Zitronenmelisse, Limettensaft, Limettenabrieb, die Hälfte der marinierten Limettenfilets und den Cachaca einfüllen.
5. Verrühren Sie alles gründlich und rühren dann die geschlagene Sahne unter.
6. Das Parfait in eine Frischhaltedose oder große Silikonform geben, mit den übrig gebliebenen Limettenfilets garnieren und dann – möglichst verschlossen – mehrere Stunden durchfrosten lassen.

Info

- Als Cachaka wird eine aus brasilianischem Zuckerrohr hergestellte Spirituose bezeichnet, die im südamerikanischem Raum Grundlage vieler leckerer Cocktail-Rezepte ist. Unter anderem kann man Cachaka hierzulande bei REWE erwerben.

Klassisches Erdbeer-Parfait

Arbeitszeit: ca. 15 Minuten

Servierfertig: ca. 6-8 Stunden

Portionen: 4-5

Zutaten

80-100 g feiner Zucker | 800 ml Sahne | 3 Eigelb | 1 Ei | 200 g Bio-Erdbeer-Marmelade

Zubereitung

1. Sahne steif schlagen.
2. Eigelbe, Zucker und Ei über einem heißen Wasserbad cremig schlagen.
3. Danach im Kaltwasser-Bad schlagen.
4. Geben Sie nun 200 g Erdbeer-Marmelade hinzu rühren Sie sie glatt.
5. Kontinuierlich die geschlagene Sahne unterheben.
6. Masse in eine Parfait- oder andere geeignete Form einfüllen. Vorher Frischhalte-Folie auslegen.
7. 6-8 Stunden durchfrieren lassen und 15 Minuten vorm Verzehr antauen lassen.

Eierlikör-Schoko Parfait

Arbeitszeit: ca. 20 Minuten

Servierfertig: ca. 7-8 Stunden

Portionen: 4-5

Zutaten

5 Eigelb | 150 g dunkle Schoko-Glasur | 75 g Zucker | 300 ml Sahne
75 ml Eierlikör | 1 ½ EL Öl

Zubereitung

1. Schmelzen Sie die Schokoglasur über einem heißen Wasserbad ein.
2. Geben Sie es auf ein ausgelegtes Backblech (mit Backpapier!) und verstreichen Sie es gleichmäßig & dünn. 10-15 Minuten abkühlen lassen.
3. Sahne wird steif geschlagen.
4. Eigelbe mit dem Zucker und dem Likör in einer Rührschüssel über 1 heißen Wasserbad cremig schlagen mit einem Handmixer, evtl. auch Schneebesen.
5. Lassen Sie diese Eiercreme unter Rühren in einem kalten Wasserbad abkühlen.
6. Nun die Sahne langsam unterheben.
7. Streichen Sie eine 18-20 cm lange Kuchenform mit Öl aus und legen Sie die Form mit einer Frischhaltefolie aus.
8. Brechen Sie die Schokolade in grobe Platten und legen Sie diese abwechselnd mit der Eismasse in die Kuchenform.
9. Parfait 6-8 Stunden durchfrieren lassen und dann in die gewünschte Stückzahl aufteilen und zurecht schneiden.
10. Parfait noch mit ein paar Tropfen Eierlikör garnieren und dann servieren.

Macadamia-Nut Parfait

Arbeitszeit: ca. 20 Minuten

Servierfertig: ca. 7-8 Stunden

Portionen: 5-6

Zutaten

200 g Sahne | 3 Eier | 2 EL Rohrohrzucker | 3 EL Macadamiacreme | 2 EL Puderzucker | 1 TL Wasser | 100 g Macadamia-Nüsse | 1 Vanilleschote Pflanzenöl | Fruchtsoße Holunder-Cassis | Birnen

Zubereitung

1. Die Eier mit dem Zucker schaumig schlagen via Handmixer.
2. Beifügen der Macadamia-Creme und 2-3 Minuten weiter schlagen.
3. Nun Sahne steif schlagen und unterheben unter die Eiscreme.
4. Geben Sie den Puderzucker zusammen mit 1 TL Wasser in einen Topf.
5. Kratzen Sie das Mark aus der Vanilleschote und dem Puderzucker beigeben.
6. Schmelzen Sie die Mischung mit niedriger Hitze zu Karamell und fügen Sie unter Verrühren die Nüsse bei.
7. Geben Sie anschließend die Nuss-Karamell Mixtur auf einen mit neutralem Pflanzenöl (z.B. Rapsöl) bestrichenen Teller und lassen Sie sie abkühlen.
8. Hacken Sie die Nüsse in kleine Stückchen und unter die Parfait-Masse unter heben.
9. Die kühle Masse in eine mit Klarsichtfolie ausgelegte Kastenform einfüllen und gut durchfrieren lassen.
10. Stürzen Sie das Parfait aus der Form, entfernen Sie die Folie und 10 Minuten antauen lassen. Dann in Scheiben schneiden.
11. Dekorieren Sie mit Fruchtsoße und Obst. Dann servieren, evtl. noch restliche Nüsse drüber streuen.

Sorbet

Ein Sorbet besteht gewöhnlich aus Frucht-Säften, pürierten Früchten und Zucker(sirup), bzw. einem anderen Süßungsmittel. Möchte man sein Sorbet mehr Volumen einhauchen, so kann man noch etwas Eischnee unter die Sorbet Masse unterrühren.

Sind Sie mit einem guten Küchenmixgerät ausgestattet, brauchen Sie nicht zwingend das Sorbet regelmäßig zum Verrühren aus dem Gefrierschrank zu entnehmen. Mixen Sie, sobald das Sorbet durchgefroren ist, einfach die gesamte Sorbet Masse nochmal gründlich durch und servieren Sie es umgehend.

Himbeer-Sorbet

Arbeitszeit: ca. 10-15 Minuten

Servierfertig: ca. 4-6 Stunden

Portionen: 4

Zutaten

350-400 g Himbeeren | ½ Bio-Zitrone | ½ Bourbon Vanilleschote
3-4 EL Agavendicksaft

Zubereitung

1. Die Himbeeren waschen und von den schönsten Himbeeren eine handvoll beiseitelegen für die Dekoration am Schluss.
2. Pressen Sie den Saft der Zitrone aus, schneiden Sie die Vanilleschote längs auf und kratzen Sie das Mark heraus.
3. Saft und Mark zusammen mit dem Agaven-Dicksaft den Himbeeren bei geben und im Mixer, bzw. mit einem Pürierstab zerkleinern. Püree nun durch ein Sieb streichen, um die Kerne zu entfernen.
4. Nun das Fruchtpüree in eine relativ flache Form einfüllen und ca. 3 Stunden gefrieren lassen.
5. Jede Stunde gut durchrühren.
6. Formen Sie das Sorbet zu Kugeln und garnieren Sie es mit den Himbeeren.

Gurken-Minz-Pfeffersorbet

Arbeitszeit: ca. 20 Minuten

Servierfertig: ca. 4-6 Stunden

Portionen: 4

Zutaten

200 g Salatgurke | 25 g Zucker | Minze, 2 Stängel | 1 TL rosa Pfefferbeeren
Salz | 50 g Pekan-Nüsse | Zum Garnieren: Minzblättchen

Zubereitung

1. In einem kleinen Topf wird am Vortag der Zucker mit 40 ml Wasser aufgelöst, kurz aufgekocht und 1-2 Minuten bei niedriger bis mittlerer Hitze köcheln gelassen, bis der Sirup etwas dickflüssiger ist.
2. Putzen Sie die Gurke, waschen Sie sie, um Sie dann ungeschält in kleine Würfel zu schneiden. Minze ebenso waschen, Blätter abzupfen & grob schneiden.
3. Gurke, Minze, Salz und Zuckersirup pürieren, um dann die Pfefferbeeren unter zu heben.
4. Geben Sie die ganze Mischung in ein tiefkühl-kompatibles Gefäß und stellen es in Ihr Eisfach.
5. Nach 45-60 Minuten kräftig verrühren und 10-12 Stunden durchfrieren lassen.
6. Die Pekan-Nüsse werden grob gehackt und fettlos in der Pfanne leicht angeröstet.
7. Die Minzblättchen waschen, trocknen und tupfen + in Streifen schneiden.
8. Nehmen Sie nun die Eismasse aus dem Eisfach: leicht antauen lassen und nach 10-15 Minuten mit einem Portionierer anrichten.
9. Mit Nüssen und Minze dekorieren und dann servieren.

Zitronen-Sorbet

Arbeitszeit: ca. 10 Minuten

Servierfertig: ca. 4-6 Stunden

Portionen: 2

Zutaten

300 ml Wasser | 120 g Zucker | 2 Zitronen, möglichst Bio-Qualität

Zubereitung

1. Die Zitronen gründlich waschen, dann den Saft auspressen.
2. Das Wasser wird nun in einen Topf gefüllt und der Zucker beigegeben.
3. Unter Rühren lassen Sie das Wasser kurz aufkochen, um den Zucker ganz aufzulösen.
4. Den Zitronensaft beigeben, gründlich verrühren und die Mischung abkühlen lassen.
5. Nun die Flüssigkeit in ein gefrierkompatibles Gefäß einfüllen, ins Eisfach stellen und das Sorbet gut durchfrieren lassen bis zur Wunsch-Konsistenz. Sorbet regelmäßig umrühren, um größere Eiskristall-Bildung zu vermeiden.
6. Sorbet mit dem Eisportionierer anrichten und servieren.

Rhabarber-Sorbet

Arbeitszeit: ca. 10 Minuten

Servierfertig: ca. 4-6 Stunden

Portionen: 2

Zutaten

300 g Rhabarber | ¼ bis ½ Zitrone, den Saft | 70-80 g Zucker

Zubereitung

1. Der Rhabarber wird gewaschen und geputzt.
2. Die Rhabarber Stücke, Zitronensaft, Zucker und 175 ml Wasser werden in einem Topf zum Kochen gebracht und bei mittlerer Hitze ca. 10 Minuten köcheln lassen.
3. Nun die ganze Masse pürieren, durch ein Sieb streichen, und nun in eine metallene Schüssel füllen. 4-6 Stunden in das Eisfach stellen, alle 30 Minuten umrühren.
4. Mit dem Eis-Portionierer von dem Sorbet Kugeln abtrennen und anrichten.
5. Mit den Rhabarber Scheiben bestreuen und servieren!

Blaubeer-Apfel-Sorbet

Arbeitszeit: ca. 10 Minuten

Servierfertig: ca. 4-6 Stunden

Portionen: 5-6

Zutaten

50 g Blaubeeren | 150 g Äpfel | 1 Grapefruit | 2 Zitronen | 150 g Zucker
350 ml Wasser | 1 Zweig frische Minze | 1 Eiweiß | 25 ml Anis-Likör

Zubereitung

1. Zucker & Wasser werden in einem Topf verrührt. Bei leichter bis mittlerer Hitze köcheln lassen. Nun Topf von der Herdplatte nehmen.
2. Geben Sie die Minzblätter und die Zitronenschalen hinzu.
3. Deckel auf den Kochtopf und nun das Ganze ca. 60 Minuten durchziehen lassen.
4. Abkühlen lassen und durch ein Sieb gießen.
5. Schälen Sie die Äpfel und entfernen Sie die Kerne. Äpfel klein schneiden, mit den Blaubeeren, der Grapefruit und dem Zitronensaft pürieren.
6. Geben Sie jetzt 350 ml des hergestellten Sirups hinzu, das geschlagene Eiweiß und den Anislikör.
7. Die Masse in eine möglichst flache Form gießen und einfrieren bis zur gewünschten Konsistenz. Möglichst alle 45 bis 60 Minuten umrühren.

Waldmeister-Weißwein-Sorbet

Arbeitszeit: ca. 20-30 Minuten

Servierfertig: ca. 6-8 Stunden

Portionen: 3-4

Zutaten

100 g feiner Zucker | 200 g Bio-Erdbeeren | 1 EL feiner Zucker | 1 Zitrone
400 ml Weißwein | 3 EL Waldmeister-Sirup | 1 Eiweiß

Zubereitung

1. 100 ml Wasser werden mit 100 g Zucker aufgekocht. Danach ca. 5 Minuten köcheln lassen und dann vom Herd nehmen.
2. Weißwein mit 125 ml Zuckersirup aufkochen lassen und dann vom Herd nehmen. Waldmeister-Sirup und Zitronensaft aus 1 Zitrone unterrühren und dann abkühlen lassen.
3. Schlagen Sie das Eiweiß steif und unter die Masse heben. In eine möglichst flache Schale einfüllen und ca. 6 Stunden einfrieren; alle 30-45 Minuten verrühren.
4. Erdbeeren waschen und in Stücke schneiden. Mit 1 EL Zucker marinieren.
5. Aus dem Eis-Sorbet Kugeln formen und mit dem Zucker-Erdbeer-Püree übergießen und servieren.

Minze-Holunderblüten Sorbet

Arbeitszeit: ca. 15-20 Minuten

Servierfertig: ca. 4-6 Stunden

Portionen: 3-4

Zutaten

250 ml Holunderblüten-Sirup | 1 Bio-Zitrone | 1 Bund Bio-Minze (groß)
200 ml Wasser

Zubereitung

1. Minze abwaschen und trocken schütteln. Die Blätter vom Stiel zupfen und fein hacken.
2. Zitrone heiß waschen, abtrocknen und die Schale abreiben.
3. Verrühren Sie die Zitronenschalen, den Holunderblütensirup und 200 ml Wasser.
4. Eismasse in eine geeignete Form einfüllen und 4-6 Stunden im Gefrierfach durchfrieren lassen. Alle 45 Minuten verrühren.
5. Formen Sie das fertig gefrorene Eis zu Kugeln und garnieren Sie es mit zusätzlicher Minze.

Prosecco-Himbeer-Sorbet

Arbeitszeit: ca. 35-40 Minuten

Servierfertig: ca. 6-8 Stunden

Portionen: 3-4

Zutaten

3 Bio-Zitronen | 225-250 g feiner Zucker | 1 Eiweiß | 250 g Bio-Himbeeren
100 ml Prosecco | 1 EL Puder-Zucker | 30 g Vollkorn-Kekse | Zitronenmelisse

Zubereitung

1. 450 ml Wasser & den Zucker verrühren, kurz aufkochen lassen. Danach abkühlen lassen.
2. Pressen Sie die Zitronen aus, sodass sie 100 ml Saft haben. Verrühren Sie den Zitronensaft, Zuckersirup und den Prosecco. Stellen Sie die Eismasse ungefähr 2 Stunden in das Gefrierfach.
3. Schlagen Sie das Eiweiß steif.
4. Angefrorene Prosecco-Masse gut durchrühren und mit geschlagenem Eiweiß unterheben.
5. Weitere 3-4 Stunden durchfrieren lassen und alle 30-45 Minuten verrühren.
6. Die Himbeeren werden mit dem Puderzucker püriert, dann durch ein Sieb gestrichen.
7. Aus dem Sorbet Kugeln formen, anrichten und mit dem Himbeer-Püree, Keksen und Zitronenmelisse garnieren.

Apfel-Rum-Sorbet

Arbeitszeit: ca. 25 Minuten

Servierfertig: ca. 5-6 Stunden

Portionen: 3-4

Zutaten

1 Bio-Zitrone | 500 g süße Äpfel (z.B. Gala oder Jonagold) | 100 g feiner Zucker
125 ml Apfelsaft | 4 EL Rum

Zubereitung

1. Zitrone wird heiß gewaschen, dann ein wenig von der Schale abhobeln. Zitrone halbieren, um den Saft auszupressen.
2. Äpfel waschen, trocknen und klein schneiden.
3. Die Äpfel mit Apfelsaft, Zucker, Zitronenabrieb und Zitronensaft aufkochen. Nun 8-10 Minuten mit Tuch abdecken und dünsten lassen. Danach abkühlen lassen.
4. Äpfel fein pürieren, durch 1 Sieb streichen und in kleinen Schlücken den Rum beigeben und abschmecken. Weiter abkühlen lassen.
5. Geben Sie die gesamte Eismasse in eine Schüssel und stellen Sie sie 5-6 Stunden in Ihr Gefrierfach. Alle 30 Minuten kräftig verrühren.
6. Das fertige Sorbet mit Löffel oder Eisportionierer in Dessert-Gläser einfüllen und servieren.

Zitronen^3-Sorbet

Arbeitszeit: ca. 10 Minuten

Servierfertig: ca. 4-6 Stunden

Portionen: 4

Zutaten

8 Bio-Zitronen | 75 ml Zitronen-Limo | 100 ml Wasser | 150 g feiner Zucker
2-3 EL abgeriebene Zitronen-Schalen

Zubereitung

1. Halbieren Sie die 8 Zitronen und pressen Sie sie aus. Ausgepresste Schalen beiseitelegen.
2. Abgeriebene Zitronenschalen mit Wasser und Zucker köcheln, bis die Konsistenz sirupartig ist.
3. Geben Sie die Eismasse in eine Schüssel und geben Sie den Zitronensaft und die Limonade bei. Verrühren Sie gründlich.
4. Legen Sie die Eismasse in Ihr Eisfach und rühren Sie während der Durchfrierzeit von 4-6 Stunden alle 45 Minuten gut durch.

Erdbeer-Mandarinen-Sorbet

Arbeitszeit: ca. 20 Minuten

Servierfertig: ca. 4-6 Stunden

Portionen: 4-5

Zutaten

Eineinhalb Tassen feiner Zucker | 1 ¼ Tassen Wasser | 1000 g Bio-Erdbeeren
Saft einer reifen Mandarine | Messerspitze Natursalz

Zubereitung

1. Wasser & Zucker köcheln lassen, bis die Flüssigkeit sirup-artig ist.
2. Erdbeeren zerkleinern, um sie dann mit dem Sirup, Salz und Zitronensaft zu pürieren.
3. Eismasse 6-8 Stunden einfrieren und alle 45 Minuten verrühren.

Gesundes Baby- und Kleinkindereis

Babys können auch schon in den ersten Monaten Eis essen. Zutaten wie Milch und Zucker sollte man im ersten Lebensjahr meiden, aber es gibt ja genügend Alternativen. So muss der Nachwuchs nicht zuschauen, wenn die Eltern schlemmen! Das macht gute Stimmung!

Gesundes Schoko-Eis

Arbeitszeit: ca. 10 Minuten

Servierfertig: ca. 4-6 Stunden

Portionen: 1-2

Zutaten

50 g Cashew Nüsse | 200 ml Wasser | 6 entsteinte Datteln (möglichst saftig)
1 TL Kakaopulver (zuckerfrei, Bio-Qualität)

Zubereitung

1. Geben Sie alle Zutaten in einen Mixer und lassen Sie sie eine halbe Stunde stehen. Weiche Cashew-Nüsse lassen sich besser vermixen.
2. Alles gründlich vermixen auf hoher Mixer-Stufe, bis die Eismasse eine cremige Konsistenz aufweist.
3. Füllen Sie die Eismasse in Ihre Eisförmchen und frieren Sie sie 4-6 Stunden ein.
4. Vor dem Servieren 5-10 Minuten antauen lassen für optimalen Geschmack.

Blaubeer-Joghurt-Eis

Arbeitszeit: ca. 10 Minuten

Servierfertig: ca. 5-6 Stunden

Portionen: 5,6 Eisförmchen

Zutaten

150 g Bio-Blaubeeren | 170 g griechischer Joghurt

Zubereitung

1. Waschen Sie die Blaubeeren und legen Sie ein paar beiseite.
2. Den Rest der Blaubeeren pürieren.
3. Joghurt cremig rühren.
4. Abwechselnd Joghurt und Blaubeeren einschichten, gelegentlich eine ganze Blaubeere untermischen.
5. Verwenden Sie zum einschichten am besten einen Spritzbeutel. Alternativ können Sie natürlich auch einfach Blaubeeren und Joghurt zusammen pürieren. Spart Zeit, sieht nur nicht ganz so hübsch aus.
6. 5-6 Stunden durchfrieren lassen und dann servieren.

Wasser-Melonen-Eis

Arbeitszeit: ca. 5-10 Minuten

Servierfertig: ca. 4-5 Stunden

Portionen: je nach Eisförmchengröße

Zutaten

1 Bio-Wassermelone | Holzstäbchen

Zubereitung

1. Melone in dicke, runde Scheiben schneiden.
2. Nun die Melone Achteln wie einen Kuchen, sodass die Melonenenden zur Mitte hin spitz zu laufen.
3. In die Melonenschale mit einem spitzen Messer einen kleinen Schlitz stechen und die Holzstäbchen einführen.
4. Die aufgespießten Melonenteilchen auf einen Teller oder Platte geben und 6-8 Stunde im Eisfach durchfrieren lassen, dann servieren!

Regenbogenfrucht-Eis

Arbeitszeit: ca. 20 Minuten

Servierfertig: ca. 4-6 Stunden

Portionen: je nach Eisförmchen-Größe, besser etwas größere verwenden.

Zutaten

Orangefarbene Frucht: 200 g Mandarine oder Orange | rote Frucht: 200 g Erdbeere, Himbeere | Grüne Frucht: 200 g Kiwi, oder evtl. Stachelbeeren gelbe Frucht: 200 g Banane oder Ananas | Blaue Frucht: 200 g Blaubeeren

Zubereitung

1. Blau: Heidelbeeren pürieren und alle Eisförmchen zu 1/5 füllen Für 45 Minuten in den Gefrierschrank
2. Grün: Geschälte Kiwis pürieren und wieder die Eisförmchen zu einem weiteren Fünftel füllen.
   Für 45 Minuten in den Gefrierschrank geben.
3. Gelb: Erneut Banane oder Ananas pürieren und das 3/5 in die Förmchen füllen. Für 45 Minuten in den Gefrierschrank geben.
4. Orange: Mandarinen oder Orangen pürieren und das vorletzte Fünftel in die Förmchen füllen und erneut zum Anfrieren ins Eisfach geben.
5. Rot: Erd-, Him- oder Johannisbeeren pürieren und die Eiförmchen mit dem letzten Fünftel auffüllen. Ein letztes Mal ins Eisfach geben, durchfrieren lassen für einige Stunden; dann servieren!

Extra Tipp

- Vor jedem erneuten Einfrieren die Eisstäbchen einstecken, Beim Auffüllen kurz entfernen und dann wieder in das Eis stecken.

Ice-Ice-Baby

Arbeitszeit: ca. 15 Minuten

Servierfertig: ca. 6-8 Stunden

Portionen: 4-5

Zutaten

250-275 ml Mutter-Milch | 120 ml Creme double | 75 g Bio-Honig
2 Eigelb | Messerspitze Natursalz | Vanilleschoten-Mark

Zubereitung

1. Zucker wird mit den Eigelben und dem Natursalz cremig gerührt.
2. Milch, Vanille und Creme double wird in einem Kochtopf erhitzt. Nicht auf kochen lassen.
3. Eimasse in die Milch einrühren. Erneut: nicht aufkochen lassen.
4. Eimasse abkühlen lassen, dann in das Gefrierfach stellen, regelmäßig alle 45-60 Minuten umrühren.
5. Nach weiteren 6,7 Stunden Frostzeit darf sich der Nachwuchs freuen: das Muttermilch-Eis kann kredenzt werden.

WICHTIG

- Babys dürfen im ersten Lebensjahr keinen Honig essen, da deren Darmflora noch nicht ausreichend entwickelt ist, um Honig zu verdauen. Warten Sie lieber bis zum 18. Monat, dann sind Sie auf der sicheren Seite. Fragen Sie im Zweifelsfall Ihren Arzt oder Apotheker.

Mango-Kokos-Ananaseis

Arbeitszeit: ca. 10 Minuten

Verzehrfertig: ca. 4-6 Stunden

Portionen: ca. 4-6 Kindereis-Förmchen

Zutaten

80 g Mango | 80 g Ananas | Banane, halb | 150 ml Kokos-Milch
2 TL Ahornsirup | 1 Prise Vanille

Zubereitung

1. Schälen und würfeln Sie Mango, Banane und Ananas.
2. Fein pürieren mit Mixer oder Pürierstab.
3. Nun den cremigen Teil der Kokosnuss-Milch, Vanille und Ahornsirup beigeben und gut durchmischen.
4. Geben Sie die Eismasse in ein passendes Gefäß oder in Kindereis-Förmchen und stellen die Eismasse zum Durchfrieren 4-6 Stunden in Ihr Gefrierfach.

Extra Tipp

- Optional können Sie der Eismasse vor dem Einfrieren 1 Schuss Zitronensaft beigeben.

Orangen-Kirsch-Eis

Arbeitszeit: ca. 10 Minuten

Verzehrfertig: ca. 6-8 Stunden

Portionen: 2

Zutaten

130 g Süßkirschen, reif | Prise Zimt | 1 Päckchen Vanillezucker | 1 EL Vanillezucker | 1 EL Zitronen-Saft | 1 TL Honig | 250 ml Bio-Orangensaft | Eisförmchen

Zubereitung

1. Entsteinen Sie die Kirschen, um Sie dann mit Zimt, Vanillezucker, Zitronensaft & Honig fein zu pürieren.
2. Verteilen Sie die Eismasse auf Ihre Eisförmchen und lassen Sie sie 60-90 Minuten anfrieren.
3. Nun mit Orangensaft die einzelnen Förmchen auffüllen. Auf diese Weise wird das Eis schön 2 farbig und macht optisch einen leckereren Eindruck.
4. Weitere 5,6 Stunden durchfrieren lassen und die Förmchen kurz unter warmes Wasser halten, sodass das Eis sich leichter aus den Förmchen löst.

WICHTIG

- Babys sollten in den ersten eineinhalb, 2 Jahren keinen industriellen Zucker konsumieren, und dann auch nur sparsam. Möchten Sie dieses Rezept schon vorher ausprobieren ersetzen Sie den Vanillezucker mit etwas flüssigem Stevia und Vanillemark. Verwenden Sie am besten hochwertiges Stevia aus dem Reformhaus oder Naturkostladen.

Gefrorene Schoko-Bananen

Arbeitszeit: ca. 10 Minuten

Verzehrfertig: ca. 3-4 Stunden

Portionen: 3

Zutaten

3 Bananen | 50 ml Zartbitter-Schokolade

Zubereitung

1. Schneiden Sie die Bananen in 2 Hälften.
2. Erwärmen Sie im Wasserbad die Zartbitterschokolade, bis diese komplett geschmolzen ist.
3. Tunken Sie die Bananenhälften zu 50-75% in die geschmolzene Schokolade.
4. Nun die Bananen ungefähr 2 Stunden in den Gefrierschrank legen. Liegen Sie länger im Eisfach, sollten Sie die Bananen erst antauen lassen vor dem Verzehr.

Extra Tipp

- Optional: wenn Sie die frisch eingetunkte Banane mit bunten Zuckerstreuseln garnieren, wird aus den Schoko-Bananen ein echter Hingucker.

Eis-Soßen und Toppings

Für die Eis-Soßen und für die Toppings gilt das Gleiche wie für die Eiscreme: wenn Sie sie selber herstellen, wissen Sie was genau drin ist. Hersteller von Eis-Soßen greifen nämlich gerne zu Lebenmittel-Stabilisierern und Zusatzstoffen, die der eigenen Gesundheit nicht förderlich sind.

Schokoladen-Sauce

Arbeitszeit: ca. 10 Minuten

Servierfertig: 10-20 Minuten

Portionen: 2-4

Zutaten

20 g brauner Zucker | 50 g Zartbitter-Schokolade | 1-2 EL Back-Kakao
50 ml Wasser

Zubereitung

1. Geben Sie das Wasser in einen Kochtopf und erhitzen. Schmelzen Sie den Zucker im heißen Wasser.
2. Rühren Sie den Kakao unter, lassen Sie kurz aufkochen & nehmen Sie dann den Topf vom Herd.
3. Rühren Sie jetzt die Zartschokolade unter bis sie geschmolzen ist.
4. Abkühlen lassen und bei gewünschter Temperatur über das Eis geben.

Karamellsoße

Arbeitszeit: ca. 15 Minuten

Servierfertig: 10-20 Minuten

Portionen: 3-5

Zutaten

120 g Zucker | 180 ml Sahne | 20 g Butter | 60 ml Wasser

Zubereitung

1. Wasser wird mit dem Zucker einen Kochtopf gegeben. Unter permanentem Rühren wird die Masse karamellisiert. Sobald die Masse hellbraun ist, nehmen Sie sie von der Herdplatte.
2. 1 Minute abkühlen lassen.
3. Geben Sie jetzt die Sahne bei.
4. Den Topf erneut auf den Herd stellen und rühren bis sich das Karamell aufgelöst hat.
5. Butter unterrühren. Fertig!

Pfefferminz-Zitrone-Sirup

Arbeitszeit: ca. 15 Minuten

Servierfertig: 10-20 Minuten

Portionen: 20-25

Zutaten

1000 g Kristall-Zucker | 150 ml Zitronensaft | 100 g Minze mit Stiel (gibt's auch im Supermarkt) | 1 Liter Wasser

Zubereitung

1. Die Minze wird gewaschen und getrocknet. Nun fein hacken.
2. Der Zucker wird in eine Schüssel gegeben und mit der Minze vermischt.
3. 12 Stunden ziehen lassen, damit sich das Aroma entfalten kann.
4. Geben Sie das Wasser und die Zucker-Minze-Mischung in eine Pfanne.
5. Aufkochen und fünf Minuten köcheln lassen.
6. Geben Sie den Zitronensaft bei und verrühren Sie gründlich.
7. Gießen Sie durch ein Sieb. Falls das nicht reicht, durch ein Tuch gießen.
8. Heiß in sterilisierte Glas-Fläschchen abgießen; luftdicht verschließen.

Topping ala Mango

Arbeitszeit: ca. 15 Minuten

Servierfertig: 10-20 Minuten

Portionen: 10-15

Zutaten

500 g Mangofleisch – reif bis sehr reif | 100 g Rohrzucker | Saft einer viertel Limette | 200 ml Wasser

Zubereitung

1. Rohrzucker, Wasser und Limettensaft werden in einer Pfanne aufgekocht. Gelegentlich umrühren, bis der Zucker sich aufgelöst hat.
2. Mango-Fruchtfleisch grob zerkleinern und Zuckersirup beigeben.
3. Das Ganze nun 15-20 Minuten niedrig köcheln lassen, sodass es auf keinen Fall anbrennt.
4. Nun wird alles mit einem Mixer fein püriert und anschließend durch ein feines Sieb getrieben.
5. Die Masse im Kühlschrank abkühlen lassen und danach für Ihr Eis oder auch andere Desserts verwenden.

Whiskey-Honig-Sauce

Arbeitszeit: ca. 10 Minuten

Servierfertig: 30-45 Minuten

Portionen: 5-10

Zutaten

150 ml Honig | 90 ml Bullet Bourbon Frontier Whiskey | 1 EL Butter
Salz

Zubereitung

1. Honig in einem Kochtopf erhitzen bis er karamellisiert ist.
2. Mit dem Whiskey wird abgelöscht.
3. Butter hinzufügen, 5 Minuten einköcheln lassen, bis es schön sämig/cremig ist.
4. Leicht salzen und die Soße abkühlen lassen.

Mirabella-Soße

Arbeitszeit: ca. 10 Minuten

Servierfertig: 30-45 Minuten

Portionen: 8-10

Zutaten

500 g frische Bio-Mirabellen | 120 g Gelierzucker | 1/2 Limette

Zubereitung

1. Die Mirabellen abwaschen, entsteinen und Sie dann in einen Topf geben und aufkochen.
2. Gelierzucker beigeben und die Limette auspressen; den Saft ebenso einfüllen.
3. Mit Pürierstab oder Handmixer gründlich vermixen und aufkochen, bis die Soße die gewünschte Konsistenz hat.

Extra Tipp

- Die Mirabellen Soße eignet sich vor allem bei sehr süßem Eis, da sie viel Säure aufweist und so einen interessanten Kontrast bildet.

Vanillesauce mit Ei

Arbeitszeit: ca. 20 Minuten

Verzehrfertig: ca. 30 Minuten

Portionen: 10-15

Zutaten

1 Vanilleschote (oder 50 g Vanillezucker) | 500 ml Vollmilch | 50 g feiner Zucker
2 Eigelb | 3 Eier | Prise Salz

Zubereitung

1. Kratzen Sie die Vanilleschote aus. Die Schote und das Vanillemark zusammen mit der Vollmilch in einem Topf aufkochen.
2. Dann den Topf vom Herd nehmen, den Deckel auflegen und 15-20 Minuten lang abkühlen lassen. Vanillestange nun herausnehmen.
3. Zwischenzeitlich Eier und Eigelbe mit dem Zucker schön schaumig schlagen. In einer Wasser-Bad-Schüssel über einem Topf mit heißem, nicht kochendem Wasser erhitzen. Dabei ständig umrühren.
4. Langsam und gleichmäßig die lauwarme Vanille-Milch zur Eiermasse beigeben & mit Schneebesen gründlich verrühren; solange, bis die Masse cremig wird.
5. Nehmen Sie die Schüssel vom Herd und schrecken Sie sie in einem Becken mit kaltem Wasser ab, sodass die Vanillesoße nicht gerinnt. Kontinuierlich dabei weiter rühren.

Extra Tipp

- Wird die Vanillesoße wie in diesem Rezepte mit Eiern zubereitet, hält sie sich in einem verschlossenen Glas im Kühlschrank 2 Tage lang frisch.

Erdbeer-Soße

Arbeitszeit: ca. 30 Minuten

Verzehrfertig: ca. 30 Minuten

Portionen: 10-12

Zutaten

500 g Bio-Erdbeeren | 1 Zitrone, Saft | 1 Vanille-Schote
3-4 große Pfefferminzblätter

Zubereitung

1. Erdbeeren waschen und Grünzeug entfernen.
2. Erdbeeren zerkleinern und mit den anderen Zutaten in einer Pfanne langsam 20 Minuten köcheln lassen.
3. Pürieren Sie die Zutaten gründlich durch und treiben Sie sie dann durch ein Sieb.
4. Lassen Sie die Erdbeer-Soße etwas abkühlen, bevor Sie sie servieren.

Darf's ein wenig mehr Leonardo Oliver Bassard und „Magische Pfanne“ sein

?

Wer gerne Eis schmaust, sollte unbedingt mal im neuen „Dutch Oven“ Buch reinschauen! Ursprüngliches Kochen und Backen – ein ganz besonderes Erlebnis für Sie, Ihre Familie und Freunde.

Mal raus aus der Küche und sich dem Abenteuer „Dutch Oven“ stellen?

Bestseller Nr. 1

Erhältlich auf Amazon
www.amazon.de/dp/B0858WJV24

Für die gesunden Wochen und Monate im Jahr empfehlen wir Ihnen das Gesundheits- und Wohlfühlbuch von „Magische Pfanne“ & Julian Überberg: Mit Up-to-Date Erkenntnissen über die Vorteile basischer Ernährung – mit praxiserprobten, leckeren Rezepten.

Bestseller Nr. 1

Erhältlich auf Amazon
www.amazon.de/dp/1675295255

Rechtliches

Herausgeber:

Christian Meiller Internetmarketing | Hauptstraße 5c | 85253 Erdweg | Deutschland | Telefon: +4915175013311 | E-Mail: digiwunderland@gmail.com

Online-Streitbeilegung:

Die Europäische Kommission stellt unter https://ec.europa.eu/consumers/odr/ eine Plattform zur Online-Streitbeilegung bereit, die Verbraucher für die Beilegung einer Streitigkeit nutzen können und auf der weitere Informationen zum Thema Streitschlichtung zu finden sind.

Außergerichtliche Streitbeilegung:

Wir sind weder verpflichtet noch dazu bereit, im Falle einer Streitigkeit mit einem Verbraucher an einem Streitbeilegungsverfahren vor einer Verbraucherschlichtungsstelle teilzunehmen.

Icon- und Bildnachweise Cover:

	OpenClipart-Vectors | pixabay
	OpenClipart-Vectors | pixabay
Eis, einzeln	Magicloaf | de.freepik.com
Eis-Eimer	Macrovector_official | de.freepik.com
Frau	Vectorkif | de.freepik.com
Hintergrund	Sergey_Kandakov | de.freepik.com
Eis 2 (Frau)	Lanamay | depositphotos.com
Eis Bild Seite 1	RitaE | pixabay.de

Printed in Poland
by Amazon Fulfillment
Poland Sp. z o.o., Wrocław

74711631R00087